MEMORY OF XDU

院士当年亦青春

八位电子信息领域院士求学记

张家口

延安

西安

秦　明
杨舒丹　主编

西安电子科技大学出版社
http://www.xduph.com

图书在版编目 (CIP) 数据

院士当年亦青春：八位电子信息领域院士求学记 / 秦明，杨舒丹主编 . -- 西安：西安电子科技大学出版社，2024.3（2024.6重印）

ISBN 978-7-5606-7198-7

Ⅰ . ①院… Ⅱ . ①秦… ②杨… Ⅲ . ①电子信息—院士—事迹—中国—现代 Ⅳ . ① K826.16

中国国家版本馆 CIP 数据核字 (2024) 第 043869 号

策划编辑 高维岳 王小刚
责任编辑 许青青 马晓娟
出版发行 西安电子科技大学出版社 (西安市太白南路 2 号)
电　　话 (029)88202421 88201467　　　邮　　编 710071
网　　址 www.xduph.com　　　　　　电子邮箱 xdupfxb001@163.com
经　　销 新华书店
印刷单位 陕西金和印务有限公司
版　　次 2024 年 3 月第 1 版 2024 年 6 月第 2 次印刷
开　　本 787 毫米 ×960 毫米　1/16　印张 15.75
字　　数 244 千字
定　　价 68.00 元
ISBN 978-7-5606-7198-7 / K
XDUP 7500001-2
*** 如有印装问题可调换 ***

序　言

　　纵观中国共产党百年征程，在革命、建设、改革各个历史时期，我们党都高度重视科技事业，重视科技人才。两院院士是国家的财富、人民的骄傲、民族的光荣，是国家战略科技力量。他们的学术成长历程生动地反映了近现代中国科技事业与科技教育的进展。

　　作为我党我军亲手创建的第一所工程技术学校，90多年来，西安电子科技大学始终重视科技人才的培养与成长。比如首任校长王诤，就在1931年受到毛泽东总政治委员和朱德总司令的亲自接待。为照顾技术人员，上级给王诤的月薪是50块银圆，而当时其他红军战士每天只有3个铜板的伙食费。延安时期，抗战全面爆发，一大批知识青年和高级知识分子投奔延安，党中央安排电子学专家加入学校教育科研队伍，服务学校通信人才的培养。聂荣臻司令员聘请燕京大学物理系主任班威廉，经济系讲师、业余无线电专家林迈可为无线电研究班（今西安电子科技大学）讲学，他们也是西安电子科技大学的第一批外籍教师，为开创新型大学奠定了坚实的基础。张家口时期，学校开始向专门培养电子科学技术人才的新型社会主义大学前进，在课程研发上，很多课程还是第一次开设，为了有计划地培训教师，先后派出40余人到北大、清华、哈工大等大学进修。学校迁至西安后，在1959年成立第一个科研机构"五楼研究室"，集中了从北京五院二分院、哈军工、西工大等多家单位选调的优秀专家和骨干力量，从而诞生了我党我军通信史上的多个"第一"。近年来，学校深入实施人才强校战略，多渠道建设青年人才储备库，全面激发人才引进新动能。

自 1931 年建校以来在西电工作或学习过的二十八位院士，是中华人民共和国电子工业建设的奠基人，是中华人民共和国科技发展的亲历者、见证者、创造者，是西电人攻坚克难、敢为人先的拼搏精神的生动缩影。

为营造尊重劳动、尊重知识、尊重人才、尊重创造的环境，形成崇尚科学的风尚，让更多的西电教师、西电学子心怀科学梦想，树立创新志向，本书通过文献资料、馆藏资源、采访实录等多种形式，梳理延安时期、张家口时期在西电工作或学习过的八位院士的求学历程。

"江山代有才人出""自古英雄出少年"。我们编写本书，就是希望读者尤其是青年大学生能从中学习科技工作者敢为人先、追求卓越的崇高精神，体悟院士们身上以爱国主义为底色的科学家精神，涵养优良学风，书写更精彩的新时代中国科技新故事。

本书编者

2023 年 9 月

目 录

院士青春　当年亦

院士当年亦青春

当年亦

第一篇

孙俊人院士
求学记

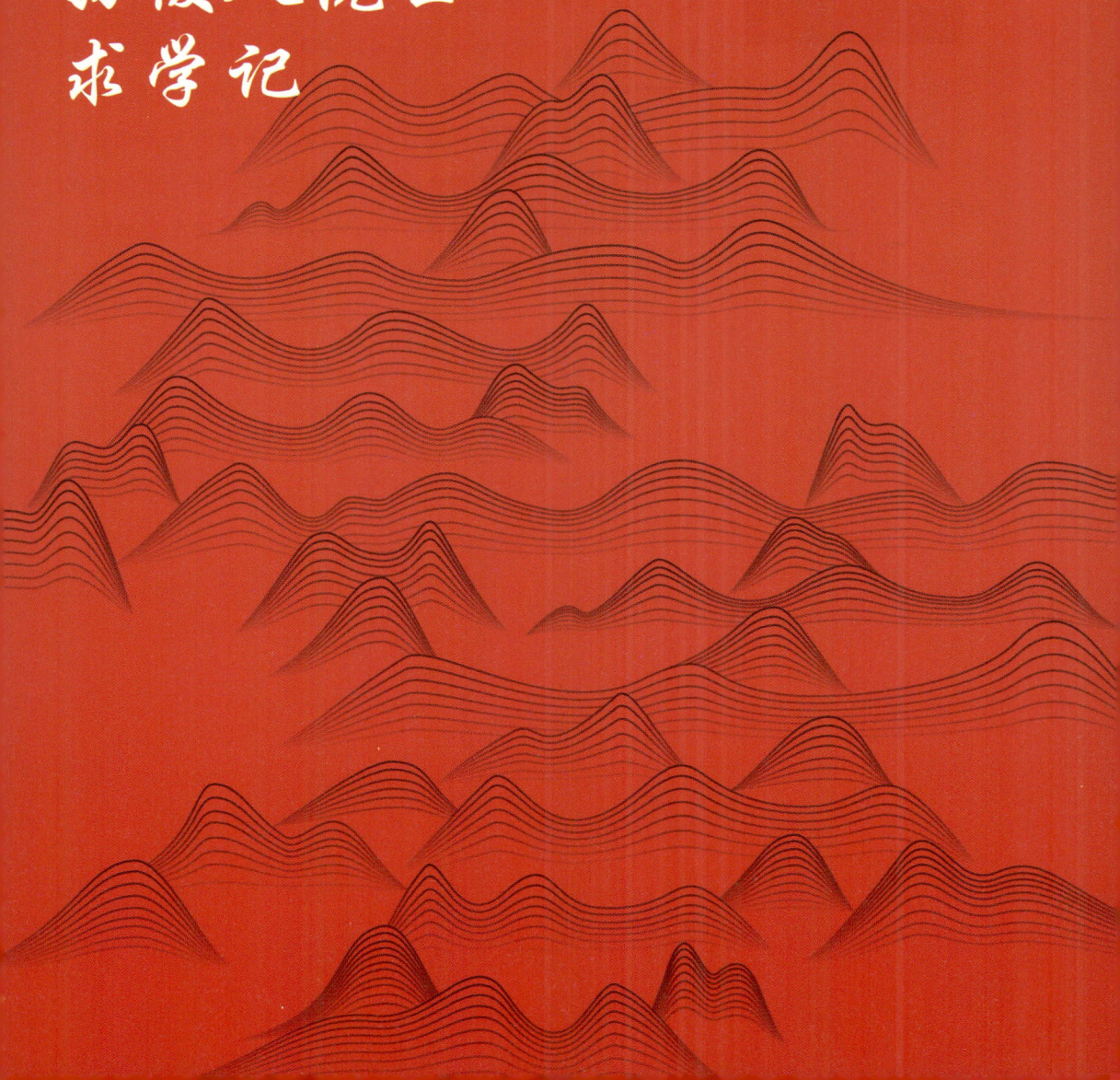

孙俊人（1915年11月15日—2001年6月19日），男，江苏省松江县人（今上海市松江区），中国工程院院士，中国军事电子科技事业的主要奠基人，中国电子学会的创办者之一，著名电子工程专家。1938年任中央军委通信学校（今西安电子科技大学）教员；1950年任中央人民政府人民革命军事委员会工程学校（今西安电子科技大学）第一部主任；1952年任中国人民解放军通信工程学院（今西安电子科技大学）副院长；1995年当选中国工程院院士。

孙俊人是我国军事电子科研和教育事业的主要创建人和开拓者之一，是中国电子学会的主要创办者，为兴办军事电子工程院校、主持国防电子研究院、创建大型国防电子工程系统、发展电子工业、培养科技人才等做出了重大贡献。

既 不酒恋过去
亦不安于现在
人不知而不愠
追求不已未来

孙俊人
一九八年三月

　　1915 年 11 月，孙俊人出生于江苏省松江县（今上海市松江区），1934 年毕业于上海大同大学附中，同年考入国立交通大学电机工程系，攻读学士学位，他是唯一入选"中国工程院院士"的开国少将。

01 难忘母校 师生深情

[1] 母校，即国立交通大学。

一想到母校[1]，不禁思绪万千，因为她给我一生的影响实在太多、太深了，要写一篇回忆，真不知从何说起！

交大有很好的校风和学风，有良好的教学环境，并且有一大批水平高、经验丰富、循循善诱的教师。学风中最突出的是严谨和严格。我刚上一年级投影几何课时就碰到一位老教师，他在课堂上不停地观察每个学生。当发现我的图画得不好时，他就细致地指点我要用什么样的铅笔，怎样削铅笔，怎样用铅笔，粗细深淡如何，同时告知我不仅要画得正确，而且要讲究一点美，其指导既具体又亲切。

▶ 孙俊人入校注册号码簿

4

不论是基础课还是专业课，学校都要进行定期或不定期的检查或考试。其中包括一种简短的考查，即在一堂课结束前约十分钟时老师在黑板上出两三道题目,让学生在作题纸上作答。不管哪类考试卷，主讲老师都要逐一看过，对简单的考核也要打分，这对于检验学生是否认真听课很起作用，老师也能及时掌握学生的接受能力。

不论低年级还是高年级，学校都非常重视实验课，每次实验前都要求学生必须到图书馆去阅读指定的有关参考读物，并写好实验前的预习报告（preliminary report），这不仅能提高做实验时的效率，还可以逐渐培养起学生独立利用图书馆知识宝库的能力。

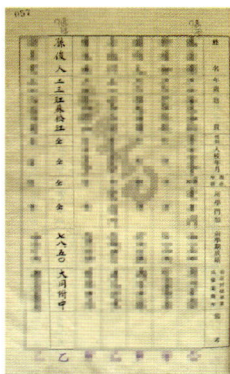

▲ 国立交通大学电机工程系四年级第一学期学生名册

这种做法当然要花费课外的很多时间，包括实验后的报告（final report），但这正体现出这样一条原则——宁可学得少一点，也要精一点。理论密切联系实际，使学生牢固地掌握学到的知识，这是给学生打下扎实基础的一项重要措施。需要着重提起的是，老师会对学生的实验报告逐个仔细审阅评定（或打分）。

老师们讲课时一般不照本宣读，而是按照自己写好的提纲进行生动的讲解。有的老师还结合课题讲一些对自然界的哲学见解，从而丰富了学生的科学视野。老师们很注意培养学生在学习中的创造性，下面举我个人遇到的几个例子。

在做完某次电机课实验后，我只写了短短三四页的实验报告（学生们的报告一般都在十几页甚至二三十页），但老师给我打了最高分，原因是我在报告中推导出了有三个变量的一组偏微分方程。这在当时的书本上是没有见到过的。这就是给学生创造性学习的鼓励。

离校以后，我们在长期的工作实践中更加深刻地体会到了交大学风的严谨和严格，体现在一个最关键的问题上，那就是让学生牢牢地掌握基础知识，并采取各种方式养成他们独立刻苦钻研的自觉性。不论是基础课还是专业课，都是如此，充分利用四年的时间，贯彻少而精的原则。

当时普通物理课要上四个学期，数学要上五个学期（包括工程数学），物理还没有包括现代物理。前年我去西安拜见我大学二年级的物理老师赵高鑫教授，他身体健康，精神饱满，八十岁高龄还在从事教育工作和参加有关的社会活动。他接见我时，话题很快就转到物理课上去了。他说现在大学里讲普通物理课的时间太少了。科学发展很快，今天讲普通物理课要进行改革。同时他提出了自己的几点看法。他的话题一个接着一个，可惜由于天色已晚，而且不能太劳累他，我只得暂时告别。他是多么忠诚于教育事业和关心年轻一代的成长啊！

在交大期间，师生之间的感情是融洽的，可以说保持着一种严肃而又活泼的风气。

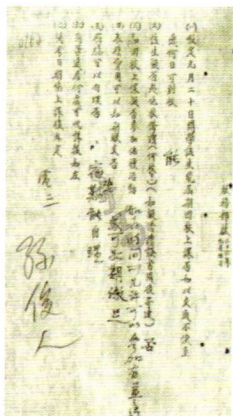

02 交大生活　课余运动

在这里讲一件令我难忘的事。这件事和讲授直流电机的马就云[2]教授是分不开的。

原来我的身体较弱，在中学时就患肠胃病，一旦累了还会咳嗽（可能已患上轻度肺炎），但交大给了我一个好的锻炼身体的体育环境。

我喜欢打乒乓球，学校体育馆内有很好的场所和设施。从一年级起我就开始打，到二年级后差不多每天晚饭后要打一个小时，打得一身是汗，然后去淋浴冲洗，再到图书馆或回到宿舍看书。交大功课那么重，我的身体不仅能坚持下来而且还变健康了，这不能不归功于乒乓球运动。

当时在教师中马就云教授是最爱业余乒乓球运动的。他经常到体育馆来看我们打球，特别是与兄弟学校的球队比赛的时候。比赛之后，他总能指出我的打法存在的弱点。有一次我和邱应传同学到教师俱乐部和马老师打球，一打就是三个小时。大家你上我下嘻嘻哈哈，与在课堂上的样子全然不同。

马老师为了鼓励大家参加乒乓球运动，还捐赠给体育馆一块铜牌，在上面刻着一年一度比赛优胜代表的名字。据说我的名字被刻在了这块铜牌上。可惜因为战争，铜牌早已不知去向。

谈到讲直流电机的马教授，必然联想起讲交流电机的钟兆琳教授，他是一位知名教授，课讲得好，性情开朗，平易近人，主动接近学生。他可以说是当时交大爱国主义教师的突出代表人物。在一次送别四年级毕业生的茶话会上，他讲着讲着就兴奋起来，引吭高歌，带动大家一起唱《毕业歌》，当时的热烈气氛历历在目。

[2] 马就云，1903年生于浙江东阳。1923年毕业于交通部南洋大学（交大旧称）电机科，曾赴英国茂伟电机厂实习。1929年任教国立交通大学电机科。

▶ 国立交通大学乒乓球队留影（前排右二为孙俊人）

▶ 1936 年，国立交通大学等校学生成立上海市各大中学学生救国宣传团

03 和谐互助　同窗之情

　　同学之间也是和谐团结的，并且相互切磋、帮助。我们班有个名叫朱金元的同学（可惜他英年早逝），他是班里学习最刻苦、成绩也最优秀的。由他发起成立了一个读书小组，我也被吸收在内。他提出每个人要去看课外读物并将所学的新东西定期在小组会上做报告。

记得第一次报告就是他做的关于全波整流器电路的分析。对于许多同学，我现在还记得他们的特点、风格和情趣，尤其是周建南[3]和孙友余[4]两个人。我们三人一起共事过相当长的时间，彼此间很熟悉。

他们两个对我的工作和生活给予了许多帮助。可惜由于篇幅有限，不允许我一一详谈了。为了表达我对三八届学长们的怀念之情，我写了两首短诗作为这篇回忆的结束。这两首诗是前两年在北京部分三八届校友联谊会后作的。

◄ 关于请求任命孙俊人同志为西北电讯工程学院（今西安电子科技大学）名誉院长的请示

[本文摘自《六十年回顾：纪念上海交通大学1938级级友入校六十周年》，第290-292页，有改动]

[3] 周建南（1917年—1995年），男，江苏宜兴人。国立交通大学电机系毕业。1937年参加革命。1938年赴延安，长期从事统战和情报工作，曾任中央军委三局通信学校教员。1940年加入中国共产党，后在重庆从事党的秘密工作。1941年入延安中央党校学习，后任东北军区军工部直属二厂工程师、厂长。中华人民共和国成立后，在工业部门任领导工作。历任东北人民政府工业部电工局副局长、局长，第一机械工业部局长、部长助理，电机制造工业部部长助理，第一机械工业部副部长，国家进出口委员会副主任，机械工业部部长，中央财经领导小组顾问。他是中共第十二届中央委员。

[4] 孙友余（1915年—1998年），男，安徽寿县人。国立交通大学肄业，曾任中央军委三局器材厂技术指导员、通信学校中队长。1940年后在中共中央南方局负责秘密交通工作。中华人民共和国成立后，历任纺织工业部处长，第二机械工业部副局长，第一机械工业部局长、副部长，国务院机械工业委员会副主任，国家经委经济管理研究中心常委，中国企业管理协会第一届理事长。他是第五届全国政协委员。

孙俊人同志在建院 35 周年庆祝大会上的讲话

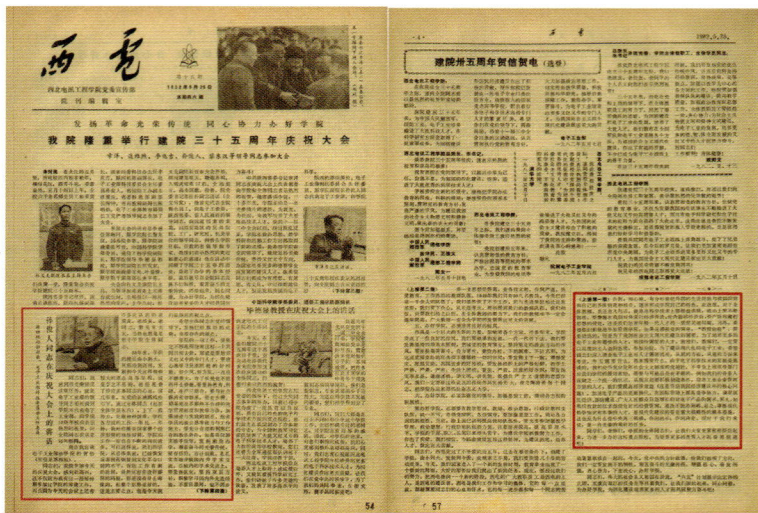

▶ 1982 年，孙俊人同志在西北电讯工程学院（今西安电子科技大学）建院 35 周年庆祝大会上的讲话

[5] 西安电子科技大学曾以 1947 年晋察冀军区电讯工程专科学校成立作为学校的起点，所以在 1982 年举行过建院 35 周年庆典，后随着校史研究的深入，明确学校发端于 1931 年创办的中央革命军事委员会无线电学校（今西安电子科技大学）。

同志们，我很光荣地接受了一项任务——电子工业部的领导同志委托我到学院来代表电子工业部，向学院 35 周年校庆 [5] 表示热烈的祝贺，向全院同志表示亲切的慰问。

现在我宣读电子工业部给学院的贺信。

西北电讯工程学院：

在你院成立三十五周年之际，谨向全院同志致以最热烈的祝贺和亲切的慰问。

你院建院三十五年来，为中国人民解放军、国防工业、电子工业培养输送了大批科技人才，在科学研究方面也取得了一批重要成果，为国防建设和国民经济建设做出了积极的贡献，现在你院已发展成一所电子专业门类比较齐全、规模较大的国家重点高等学校，担负着培养电子科学技术高级专门人才的繁重任务。希望你们在党的领导下，再接再厉，沿着十一届三中全会以来的正确路线，认真贯彻执行党的教育方针，大力加强政治思想工作，切实提高教学质量，积极开展科学研究，搞好后勤保障工作，勤俭办学，艰苦奋斗，为电子工业培养出更多又红又专的专门人才，为我国社会主义四个现代化建设做出更大的贡献。

电子工业部

一九八二年五月七日

同志们，能参加今天的庆祝大会，我感到很高兴，这不仅因为我参加过学院的筹建工作，而且因为今天的会议上还有许多我认识的老朋友、老战友、老同志。我想见见大家，当然也想见见整个学院的全体同志。

◀ 孙俊人转师级干部授勋命令

35年来，学院的建设由小到大，从低级到高级，发展到今天这样规模较大的重点高等学校，这是来之不易的，花费了许许多多同志的心血。这几年来，在党的正确路线指引下，通过全体同志（包括全体学员在内）上下一致努力，克服种种困难，学院各方面的工作一年比一年好，我相信随着国家整个经济形势的继续好转，学院的工作一定会不断地向前进步。可以这样说，我们的学院，从总体来说，已经恢复或者接近恢复到"文化大革命"以前的水平，有些工作有了新的进展，虽然还存在这样那样的问题，但整个形势是好的，这是主要之点，也是今天我们最值得庆祝之点。

希望全体同志在党的领导下，发扬已经取得的成绩，克服存在的缺点。

学院的一切工作，要坚定不移地围绕着这样一个共同目标去做，那就是要培养又红又专的专门人才；要虚心地学习兄弟院校的好经验、好作风、好方法；要坚持教育、科研、生产三结合；要与社会保持密切联系，要有步骤、稳妥地改革那些不合理的教学管理制度和教学方法，加强理论与实践的联系，培养学员的独立思考能力与工作能力；要充分合理地利用已有的教学条件，如各项仪器实验手段等，发扬勤俭办学、艰苦奋斗的光荣传统；要有目的、有计划、扎扎实实地开展国内外学术交流。在校内的学术交流上，要发扬民主，坚持双百方针，积极学习国内外先进经验，不盲目崇拜，也不故步自封，细心地、有分析地把外国的先进经验与我国国情和自己的具体情况相结合，逐步形成学院自己的特色。在这里，对全体教师，我还有几句话：在科学技术上要精益求精，在政治上要不断前进，要警惕在我国对外实行经济开放、对内搞活经济后资产阶级腐朽思想的侵蚀，这是我们培养年轻一代人才的重要关键问题。

　　另外，为了我国社会主义现代化建设的需要，为了培养更多的电子工业所需要的人才、祖国所需要的人才，教授们、教师们一定要以高度的主人翁的态度参加治校。为了建设现代化的电子工业，希望同志们深入调查电子工业对人才的需要情况，从质的方面、从量的方面来考虑今天需要什么，将来需要什么。由于电子科学技术的发展是迅速的，我们应当充分发挥社会主义制度的优越性，不辜负上级领导部门对我们学院的殷切希望。我们从现在起要积极创造条件，培养工业企业管理方面的人才，我们要提高经济效益（这是当前我国经济建设中的核心问题），加速电子产品的更新换代，提高电子产品在国际市场上的竞争能力，以满足国民经济、国防建设、广大人民群众日益增长的对电子产品的需求。总之，培养掌握现代科学知识和本领的人才，是现代化建设的有重大战略性的根本措施。对于我们来说，这是一个光荣而艰巨的任务。

　　同学们，老师们，学院的全体同志们，让我们大家更紧密地团结起来，为进一步办好这所重点院校、为培养更多的优秀人才而奋勇前进吧！

孙俊人大事年表

1934 年，上海大同大学附中毕业，同年就读于国立交通大学电机工程系。

1938 年，任中央军委通信学校教员。

1940 年，任中央军委三局通信材料厂副厂长。

1945 年，任中央军委三局技术研究室主任。

1949 年，任邮电部电信总局副局长。

1950 年，任中央人民政府人民革命军事委员会工程学校第一部主任。

1952 年，任中国人民解放军通信工程学院副院长。

1956 年，任总参通信部科技处处长。

1960 年，任总参通信兵部副主任兼科技部部长。

1961 年，任国防科委第十研究院院长。

1965 年，任第四机械工业部副部长、第十研究院院长。

1982 年，任电子工业部科技委主任。

1984 年，电气电子工程师学会（IEEE）授予其建会百年纪念勋章。

1995 年，当选中国工程院院士。

院士当年亦青春

第二篇

罗沛霖院士求学记

罗沛霖（1913 年 12 月 30 日—2011 年 4 月 17 日），男，天津市人，中国科学院院士、中国工程院院士，中国著名的电子学与信息学家，信息产业部高级工程师，西安电子科技大学电子信息工程专业主要创始人，IEEE 终身特级会员，并获 IEEE 百年纪念勋章。他从国立交通大学电机工程系毕业后，转赴延安。1938 年，曾参与创建中央军委三局通信器材厂，并任工程师，兼任中央军委通信学校（今西安电子科技大学）教员。1980 年当选中国科学院院士。1994 年当选中国工程院院士。

1993 年 5 月，罗沛霖倡议并起草了"应当早日成立中国工程与技术科学院"的建议书，由张光斗、王大珩、师昌绪、张维、侯祥麟联名上报。在党和国家领导的支持下，中国工程院于 1994 年 6 月成立，罗沛霖当选第一批院士，并被选为主席团成员。

罗沛霖曾主持建成我国首座大型电子元件工厂，指导过我国第一部超远程雷达和第一代系列计算机启动研制工作，对雷达检测理论、计算机运算单元以及电机电器等有创造性发现，为中国电子科学技术发展以及工业建设做出了重要的奠基性贡献。

苟日新 日日
新又日新
一九九五年三月下浣
罗沛霖

　　1913年12月，罗沛霖出生于天津。他6岁入学北京师范大学附属小学，12岁考入天津南开中学，此后与电子结下了不解之缘。17岁时他同时被清华大学和国立交通大学录取，因为兴趣，他选择了国立交通大学的电机系。他是被称作"战士、博士、院士"的"三士科学家"。

01 烽火岁月　沪上求学

▲ 罗沛霖

1931 年暑假后，罗沛霖该读大学了。因为他在学校的表现尚可，按照规定，他可直接进入南开大学就读。但是，经过几年的求学，他的学识明显增长，他的思想渐趋成熟，他的志向也更加明朗，他对于电机工程特别感兴趣，当时国立交通大学的电机专业久负盛名。

他将此列为心中的首选，而清华大学也因其名声在外，同样让罗沛霖心仪。他便将这两所学校列为自己的志向。

这两所学校在北方的考场都设在北京。室友杨缵武家在北京，他也想报考这两所大学。罗沛霖就和杨缵武一同来到北京赴考。罗沛霖借住在杨缵武家。

对于罗沛霖来说，考试很轻松，几年的努力学习让他志在必得。同时，罗沛霖是个不拘小节的人，不过于在意名次。因此，在考场上，他总是那个早交卷的考生，甚至是第一个交卷的。

罗沛霖考完试后，等待发榜，好动的他百无聊赖，听到家里来的客人要去香山呼吸新鲜空气时，他非常激动，因为香山也是罗沛霖久久眷恋的故地，是他曾陪母亲和姐姐们度过快乐时光的地方，于是他向杨缵武建议，他们两个人也去香山住几天。

结束香山一周的游玩，罗沛霖、杨缵武二人从报纸上得知，罗沛霖以第八名的成绩被清华大学录取，同时以第六名的成绩考上了国立交通大学电机系，杨缵武也顺利考入了国立交通大学。

罗沛霖后来回忆说："在清华所取的近二百人中，取在第八；交大是分系的，电机系取三十多名，我取在第六名。如果不是大代数差强人意，可能名次会靠前些。但对这样的结果，我很满意了。"

交通大学是我国历史最悠久的高等学府之一。19 世纪末，甲午战败，民族危难。中国近代著名实业家、教育家盛宣怀和一批有识之士秉持"自强首在储才，储才必先兴学"的信念，于1896年在上海创办交通大学的前身——南洋公学。

南洋公学是南方的名校，由于当时清华大学还未开始建设工科，因此南洋公学的名声在清华之上。而南开中学，则是当时全国闻名的中学名校，生源优质。这样，虽然津沪距离很远，但每年仍有十名左右南开中学的学生考入南洋公学，数量不算少。

初到大学校园的罗沛霖，由于校友的关系，和四年级的许邦和搭上了伴。他是罗沛霖到校后见到的第一个南开中学毕业生，巧合的是，罗沛霖和他弟弟许邦友在南开中学曾是同班很要好的朋友，这让他们更为亲密了。

不过，罗沛霖不知道的是，许邦和当时已经是南洋公学中共地下党的支部书记。

与此同时，与罗沛霖关系最亲近的还有张大奇，他也参加了当时处于地下状态的共产党。虽然当时罗沛霖没有加入，但深夜他们常一起去街上贴标语。就这样，罗沛霖的命运与救亡图存紧密地连在了一起。

1931年，震惊中外的"九一八"事变[6]爆发，日本侵入中国东北，全国无数仁人志士为拯救中国奔走疾呼。当时，罗沛霖刚上大一不久，交大学生全体罢课，分组到街上去宣传、募捐。

罗沛霖与汪廷霖同组，汪廷霖的安徽口音和罗沛霖的"普通话"在上海完全吃不开，"我们等于在街上'郎当'散步，苦于发挥不了作用"，罗沛霖后来回忆说。但是，他们为抗日活动积极努力的激情难以抑制。

随后，北京、上海、南京的学生在南京集合了数千人，向蒋介石政府请愿抗战，然而蒋介石政府不但不接受，还加以压

[6] 1931年9月18日，日本帝国主义对沈阳北大营的中国驻军发动突袭，侵占沈阳，对东北地区进行大规模武装侵略，制造了震惊中外的"九一八"事变。在大学联的统一部署下，交大党支部通过抗日会引导学生开展抗日行动：举行罢课，参加全市性的统一集会和反日示威游行；组织学生义勇军，开展军事训练；进京请愿，要求政府出兵抗日……抗日救亡运动轰轰烈烈地开展起来。

[7] 击打中心即撞击中心，动力学术语，指某种定轴转动体上的一个点，若通过该点沿某一作用线给物体施冲量，则无论大小如何，均使转轴不感受冲击力。通常，绕轴转动的物体受撞击后，将把冲击力传于转轴，若转轴是物体相对于轴上一点 O 的惯量主轴，则存在撞击中心 P。

当时，北大派了学生代表许秀岑到上海联系同学活动，但许秀岑不幸被捕，被关押在水上公安局，据说要被沉江杀害。听闻此事，上海各大学千余名学生包围了枫林桥的市政府大楼，要求释放被押学生。罗沛霖既是事情的参与者，也是见证者。

他回忆说："沸腾的群众一直坚持到天蒙蒙亮，最终市长张群迫不得已出来接见群众，接受群众要求，释放了许秀岑。"最后，张群向上海市政府"引咎辞职"。

然而，抗日的形势急转直下。还没等寒假结束，日本于1932 年 1 月 28 日发动了侵华战争，蒋介石政府消极抵抗，十九路军等英勇奋战数月，逼迫日方几次增兵易帅。最后，蒋介石政府向日方妥协，换来了日方撤军。

这期间，交大部分同学组成义勇队支持十九路军抗战，罗沛霖的好友陆家琛、张大奇都积极参加。后来，战事虽停，但学校不能立即复课。罗沛霖、张大奇、杨缵武等只好暂到北京进入清华大学借读。在清华，罗沛霖见到了不少中学同学，包括室友孟昭彝。

[8] 裘维裕(1891 年 — 1950 年)，江苏无锡人。1916 年毕业于交通部上海工业专门学校电机系，以优异成绩考取庚款留美，入麻省理工学院，获电机科硕士学位。1923 年回国，任交通部南洋大学电机系教授，教授直流电机课程。1924 年为加强基础课教学转教物理学，在教学改革和理学院建设中贡献良多。他主持一、二年级的全面物理学课程讲授，其自编的英文讲授纲要一直被沿用到 1945 年。1928—1945年担任物理系主任。当时的物理课被誉为"霸王课"。他讲课简练，板书整洁，概念清晰，由浅入深，循循善诱，学生在他的教导中获益匪浅。他是老交大"五大教授"之一。

一个月后，交大通知学生返校，并要求学生在暑假补足所缺的课程。物理依然是他的强项，第一学期期末罗沛霖拿到了96 分的高分，所差 4 分，是罗沛霖无法解释力学中一个名词"击打中心"（center of percussion）[7] 的定义，这个是他之前从来没有读到过的。这课挂名是物理系主任裘维裕 [8] 的课，实际由讲师贾存鉴负责讲授。按贾存鉴的规定，习题算 10 分，大考算 90 分。贾老师很是惜才，因为罗沛霖大考考得很好，作为奖励，习题的 10 分送给罗沛霖了。罗沛霖对此非常感激：

"这样的老师实在太少见了!"

在交大有一个很不错的体育馆,那里有宽阔的空间、平滑整齐的木地板。因此,不管什么天气,都可以在里面打篮球,围着操场跑几圈。这些都深深吸引着罗沛霖。

罗沛霖从不局限于课内知识,也不过分追求分数和名次。他读书颇广,爱好广泛。课外的时间,除了汲取知识外,每天都会运动两三个小时。

在体育馆里,凑上七八个人就可以打篮球,凑上十个人就可以打比赛了。从南开中学来的同学常年在一起打篮球,后来组成了"南南队"(指南开和南洋)参加联赛,罗沛霖打右锋,杨缵武打右后卫。

足球通常是各年级之间进行比赛,罗沛霖是守门员。那时的他坚守毛恭琴当年传授的经验,在联赛的两场比赛中只各漏了一球,最终赢得了比赛,班队获得了亚军。校报的报道题目是"近视眼守门员罗沛霖屡救险球"。

在游泳馆,无论蛙泳还是仰泳,罗沛霖都会一点,因速度颇快,被队长余荣邦相中进了校队。

受六姐廉如的影响,罗沛霖对音乐也非常喜爱。廉如在家时曾给他介绍外国音乐。罗沛霖回忆说:"那时,她有一张 Pablo Casals 的唱片,一面是 Schuman 有名的 *Träumerei*,另一面是 Rubinstein 的 *Melody in F Major*。她还有一张 Paul Whitman 的爵士乐《雷梦娜》。"

如果说六姐启蒙了罗沛霖的音乐心智,那么大学的教育又对他的音乐兴趣进行了系统的培养。也正是从大学二三年级开始,罗沛霖对音乐的选择,从电影歌曲转向古典音乐。

罗沛霖的音乐入门教材来自丰子恺写的一本普及古典音乐的书。不过,让罗沛霖更感兴趣的是他从上海北京西路的旧货店里买来的一个美国广播唱片公司的台式留声机。这台机器利用云母振膜作拾音器直接发音，配有木制的喇叭，兼作音箱和机箱。每播放一张盘要换一根针。

这虽然是一个很原始的唱片机，但听起来效果还不错。对罗沛霖来说，这个东西性价比还是很高的，因为是旧货，所以当时只用了十几元钱就拿下了。至于唱片，外侨离开上海时，在北京路上丢下了不少唱片。这些唱片大多是古典曲目，又以歌剧居多。

同时，他还买到 Stokowski 指挥的贝多芬《第七交响曲》、Mengelberg 指挥的弗朗克《d 小调交响曲》……

如此多的曲目本已足够满足爱好者，但对于罗沛霖来说，这远远不够，他想到的是——自己唱。于是，罗沛霖风风火火地跑到南京路的琴行买了美版的 Songs the Whole World Sings 和一本舒伯特的《24 选曲》，开始煞有介事地跟着唱片学起唱歌来。

自学成才的罗沛霖选择在南开同学会上唱 Brahms 的《摇篮曲》来检验自己的学习成绩。为此，他还专门请同学郑文铸用曼陀林为自己伴奏。到了二年级，他选择了难度更大的 Indian Love Call。不过，这次让罗沛霖有些难堪，因为其中许多半音阶对罗沛霖来说太难了，他唱得不尽如人意。

在音乐世界里，有吹、拉、弹、唱四种技艺。尝试过唱的罗沛霖对剩下的三种技能也跃跃欲试。同班同学吴肇初很热心，自告奋勇教罗沛霖拉小提琴。不过在这方面，罗沛霖没有天赋，拉了一个月，连空弦都拉不成，无奈，两个人便放弃了。

后来，罗沛霖觉得右手天生颤动，稳不住，想来这便是无法拉好琴弦的原因吧。这次学习未能成功，罗沛霖并不甘心，他又开始学习曼陀林。不过，郑文铸借给他的曼陀林的谐振器是木制的，发音既弱也不好听。

此时，罗沛霖的大舅父听说廉如要结婚了，叫罗沛霖代他送30元钱。罗沛霖请求姐姐用这笔钱给他买乐器，宠爱弟弟的廉如自然很大方地答应了。加上家里给的零用钱，罗沛霖一共凑齐了70元，买了一把曼陀林和启蒙的练习曲谱。或许在这方面罗沛霖颇有天分，他无师自学，勤奋练习，最终能弹一些简单而好听的小曲。

大约在罗沛霖大学二年级时，上海音乐学院的人到交大开演唱会，乐队里有不少有名气的音乐人，包括声乐极佳的喻宜宣、应尚能，女钢琴家李献敏，身怀长笛吹奏绝技的叶怀德等。通过这个契机，交大的同学们组织了一个合唱团，请叶怀德作指挥兼教练，合唱佛教故事《目连救母》。

罗沛霖当时对这个曲子毫无兴趣，但是他参加了这个合唱团，目的很简单，他要跟叶怀德学长笛。不过叶怀德在交大已有了一个学生——茅楚恩。后来，茅楚恩为罗沛霖引荐了叶怀德，还把他的旧式长笛借给罗沛霖用。

叶怀德自己用的是欧洲有名的改良家Böhm所制的长笛，这支长笛是从欧洲带来的，音质好，声音洪亮。为了方便演奏，叶老师给罗沛霖介绍了很多长笛方面的知识，还给罗沛霖介绍了一支声量较小的、按 Böhm 风格制作的长笛。这支长笛要100元，罗沛霖犹豫再三，碍于价格，最终没有买。这让后来的罗沛霖深感遗憾。因为长笛的关系，罗沛霖对曼陀林的兴趣急剧减少。此时，他的中学同学到交大读书时看上了罗沛霖斥巨资买下的曼陀林，大方的罗沛霖二话不说，以较低的价钱转让给了同学。

最终，罗沛霖没有学会长笛，也没有拥有一支长笛。

在交大学习期间，正是抗战时期。罗沛霖与南开中学的校友，如本校教师孟志荪、陶光、甘斗南，还有一些社会知名人士，有时会聚在一起，唱唱昆曲。在内忧外患之际，多少有点苦中作乐的滋味。

▶ 罗沛霖（右）与钱学森（左）

对罗沛霖而言，钱学森对自己一生的影响非常大。

说起二人的结识，首先要从郑世芬讲起。郑世芬是比罗沛霖高一级的南开中学同学，二人有共同的爱好——篮球。罗沛霖和郑世芬因此颇为投缘。

1933年，正值钱学森病假休学回来，学校分配钱学森和郑世芬同住一个房间。罗沛霖常去找郑世芬，也就认识了钱学森。在交大校园里，钱、罗二人都算风云人物，虽不相识，却也听过彼此的趣事。

钱学森用如长者一般的口吻说："我曾经听说过你在一年级读书的故事，看来，你是不屑于用功的学生。如果像我这样用功，你的分数会和我一样好。"

"不会的，"罗沛霖谦虚地说，"因为我只是个偏才。"

二人通过攀谈惊奇地发现，他们都曾就读于北京师范大学附小，且同为于士俭老师的门生，只是钱学森稍早，所以未能相识。

当时的钱学森，科学家的才华已初露端倪。他的知识面不仅仅局限于课内，图书馆里关于航空工程的书刊，他都读遍了，同时他还自修了更高深的高等数学。在钱学森的影响下，罗沛霖进一步明白，人应该为自己的兴趣爱好去努力。他开始阅读图书馆里大量有关电讯的知识书刊，同时也自修了现代物理。说"读遍"一点也不夸张，因为20世纪30年代的世界科海"只有那么一点大"。

除了在学术上二人志趣相投，在政治上，他们也有共同信仰。

彼时的中华民族仍处于危难之中。上海暴动和"四一二"大屠杀的遗迹未泯，进步同学遭受迫害，反"赤"恐怖横行。

目睹了令人悲愤的现实，二人都不满国民党的统治。毕竟年长一点，钱学森比罗沛霖认识得更深刻。钱学森告诉罗沛霖：他曾辍学一年在北平养病，这期间他在北京东安市场上买来不少进步书籍阅读。"这个政治问题，不经过革命是不能解决的，我们虽然读书，但光靠读书救不了国。"也许，钱学森无意间的一句话，对罗沛霖产生了巨大的影响，在罗沛霖心里埋下了革命的种子。

同时，他们有共同的爱好——西洋音乐。在罗沛霖看来，钱学森这方面比自己有造诣。因为钱学森曾参加学校的铜管乐队，吹中音号，每天练习半小时。

　　罗沛霖经常到北京西路的旧货店淘货，从那里他买来了一台声学立式留声机和外国名家咏唱或演奏的许多旧唱片，吸引了不少同学到他房间里欣赏，其中就有钱学森。罗沛霖的爱好，显然也影响了钱学森。

　　钱学森暑假毕业，因在本年级中成绩、名次最高，他得到了30元奖金。他去南京路的琴行买了一套哈恰图良的《假面舞会圆舞曲》唱片，拿来和罗沛霖等同学一起欣赏。问及原因，钱学森的回答也非常艺术："我喜欢它的色彩。"

▶ 罗沛霖喜爱西洋古典音乐，曾在拍卖行购旧唱片欣赏。图为他在留美时亲手制作的留声机（三速，自动落片）

　　第一学期的暑假，张大奇谈恋爱了。对象是低他一个年级的女同学——同级的茅于恭的妹妹茅于文。于是，茅于恭、张大奇和罗沛霖以暑期实习为名，请茅于恭的叔父——有名的桥梁和铁道专家茅以升为他们安排到青岛四方机厂去实习锻炼。

这对于罗沛霖来说还有一层意义，即躲开那个包办婚姻的阴影，能多躲一次是一次，多躲一时算一时。

三人兴致勃勃地从上海出发，沿途游玩。他们游览泰山，观看日出。经过的石峪、千丈瀑、南天门等景观给罗沛霖留下了深刻的印象。

在四方机厂实习的日子，罗沛霖见到了当时国内唯一的贝萨摩回转炉铸钢作业，从厂里的图书馆借来关于工作母机的英文书，学习了解了机械加工作业的基本知识。

毕竟青春年少，游览占据了三人的大部分时间。在青岛，最主要的景点当然是崂山。三人从北九水进山，经过曲折的、长长的峡谷去游潮音瀑和靛缸湾。那瀑布流量很大，高约一二十米。靛缸湾则是个不知深度的圆形水池，直径大约有二十米。水流坠入湾中的声音就像潮水的声音，引人入胜。他们从山脊上，经过青岛与即墨的界碑翻到山的另一方，从上而下，来到龙泉瀑。他们选择在上清宫住了一夜，第二天凌晨租了一条小木船回青岛。虽然风轻浪小，但罗沛霖还是晕得呕吐了一路。

那次游览让罗沛霖在晚年都记忆犹新。很多年后，罗沛霖又因开会来到青岛，再游崂山时赋诗一首：

> 灵泉悬练从天注，隘谷寻潮迷曲路。
>
> 裂壁崔嵬作鬼斧，嵯峨绝顶鹰巢树。
>
> 徐福求仙死未归，谁见神仙丁令威。
>
> 顽石千年坚可摧，碧涛夜夜吼如雷。

在游览美景和徜徉于知识海洋的间隙，一个美丽倩影时常浮现在罗沛霖心里，她就是杨敏如。同样地，在天津的杨敏如也时常想起这个大自己三岁的男生。

罗沛霖和杨敏如开始通信。那时，杨敏如信仰基督教，主张世界是"唯爱"的，世界只要充满爱，就会和谐、美满、幸福。而理智的罗沛霖会以大哥哥的口吻告诉杨敏如："现实的社会里存在各种不平等和不合理。"

他们往复的信中涉及社会、人生、文学、艺术等各个方面。

1932年，因淞沪会战交大停课，在回天津小住的日子里，罗沛霖、杨敏如二人重逢。罗沛霖发现，那时的敏如已不再是在香山初见面时的那个十五岁女孩了，去掉了稚气，显得愈发漂亮。此后，他俩的关系日益密切。然而在很长的时间里，他们的关系仅停留在友谊的层面。很显然，罗沛霖那个由父母包办的婚约一直阻碍着他们进一步的发展。

爱情来了，是掩饰不住的。罗沛霖开始"不自觉地"向杨敏如表达爱意。在鸿雁传情的日子里，罗沛霖经常自制卡片，寄给杨敏如。他寄给她昂贵的摩洛哥皮面纪念册，还用花体拉丁字写上《圣经》哥林多书第十三章：

爱是恒久忍耐，又有恩慈；爱是不嫉妒，不自夸，不张狂，不固顾规矩，不求自己的利益，不轻易动怒，不计较别人所加的伤害，不因不义而欢喜，只因真理而高兴。爱能凡事包容，凡事相信，凡事等待，凡事忍耐，爱是永不止息！

在杨敏如 20 岁生日时，罗沛霖将 Harold Bauer 演奏的贝多芬的《月光曲》唱片作为礼物送给她。为在唱片上刻字，他绞尽脑汁。几经思索，罗沛霖在上面刻下了 beloved 这个词，因为杨敏如的英文名是 Amy，熟人们都这样叫她，这个名字原意是被爱的，即 beloved。

还有全套的《贝多芬钢琴奏鸣曲集》曲谱、线装影印的《纳兰容若词》……这些都是爱的礼物。当然，敏如也在小心翼翼地浇灌着爱情的小树苗。她为罗沛霖弹奏贝多芬的《月光曲》和《致爱丽丝》，唱 *Indian Love Call*。

大学二年级下学期开始之前，罗沛霖回到了天津，与敏如的弟弟包新、陈湖、包昌文等同行，因为都是南开中学校友，便在天津住了几天。

　　1935 年 7 月，罗沛霖从国立交通大学毕业，获得工学学士学位。

02　国家拨款　留学加州

　　内战爆发后，罗沛霖回到了天津，任职于中央无线电公司（原属资源委员会）天津厂。当时，中国工业原料公司也已在天津开展工作，罗沛霖和李文采、张哲民常常会面，为共产党争取解放全中国而不遗余力地工作着。

　　有一天，孙友余来到罗沛霖家中，向罗沛霖讲述中国时局将要发展到一个新的阶段。在这个新的阶段（即全国范围的反帝反封建斗争发展到推进新民主主义革命的阶段），虽然有时还会呈现黎明前最黑暗的时刻，但胜利在望。这一时期的主要任务是为争取这一高潮的到来及胜利而斗争。

　　孙友余这次到天津来还带来了刘少文同志的指示："现在，全国解放指日可待，社会主义建设需要技术人才。希望罗沛霖能够尽快设法赴美留学。如能进工厂实习最好，若进入学校，得一个博士学位回来，也是共产党的光荣！"

罗沛霖激动地接受了这个光荣而又艰巨的任务。

得知全国解放指日可待，罗沛霖的心情非常激动，如果自己能为新中国的建设做有意义的事情，一定充满自豪。但是仔细一想，他发现，到美国留学也不是一件容易的事情，只能自己想办法。他把周围能帮忙的人都数了数，最后决定去找当时在北平的钱学森帮忙。

罗沛霖前往北平，来到清华大学看望钱学森。听到罗沛霖的请求，钱学森欣然答应，但他也知道，罗沛霖在交大的学业成绩有时很高，有时却比较一般。此时钱学森在麻省理工学院任教授，他很了解学校入学要求的分数很高，必须在80分以上。而罗沛霖在国立交通大学的学业成绩是70多分，因此，钱学森建议罗沛霖申请加州理工学院。

罗沛霖自然接受钱学森的建议，立刻向加州理工学院索要申请书。加州理工学院的申请书很快便寄来了，申请书需要两个推荐人。钱学森自然是其中一个；而另一个人，罗沛霖想到了兴业电讯厂的前辈蒋葆增[9]，他曾在广西大学任教授，与罗沛霖也曾有过交集。

钱学森给罗沛霖的评语是：我经常对他的敏感性有强烈的感受。而蒋葆增给他的评语是：他在我教过的学生中排前3%以内。

于是，罗沛霖便把填好的申请书连同几项学术成果寄给了加州理工学院，申请硕士学位。他很快得到了回复，不仅成功地拿到了入学通知书，更令他意外的是，加州理工学院主动提出要罗沛霖直修博士学位。

加州理工学院在入学标准上是极为严格的，一般情况是降

[9] 蒋葆增，江苏镇江人。1930年毕业于国立交通大学电机系。1936年获美国马萨诸塞理工学院硕士学位。1956年加入中国共产党。曾任中央研究院物理研究所研究员，广西大学教授、电机系主任，重庆无线电厂和天津无线电厂工程师兼厂长。中华人民共和国成立后，历任成都电讯工程学院教授、光电子系主任，杭州电子工业学院教授、院长，中国电子学会生产技术学会第一届副主任委员，中国电子学会浙江分会副理事长。参加筹建南京、杭州无线电工业院校。

低申请入学者的要求，对于不少申请读博士学位的，只同意读硕士学位。对于只有学士学位、没有读过硕士学位的罗沛霖，他本人并没有申请读博士学位，但加州理工学院主动提升其申请的学位，显然是学院的评审专家从罗沛霖的科研成果和两位推荐人的评语中觉察出了他潜在的创造性才华。

还记得当年，罗沛霖大学毕业之时便想赴美读书，直到1947年，国民政府仍未开放自费留学，因此罗沛霖一直未能成行。在新中国即将诞生之前，罗沛霖有机会去美国留学，他真心希望尽快学成归来，参与新中国的建设。

他想在美国边学习，边实习工作，以便学到更多本领，于是他给当时因同样情况已先期去美国工作的茅于恭和张大奇写了信，请他们帮助联系实习工厂。但不幸的是，茅于恭和张大奇相继回信，答复说美国正处在经济萧条时期，实习机会比较难找。

没有其他办法，只能去了再说。当时国民政府教育部对出国留学生的学业成绩要求很高。可是罗沛霖的大学考试分数属于中等，因此出国留学手续需要申请特批。于是，他找到教育部留学管理处，那里的负责人有些是杨敏如在燕京大学时的同学，自然热情关照，帮助罗沛霖想办法，让他用科研成果申请特批。

此时，美国权威杂志《无线电工程师学会会报》寄来了罗沛霖的论文《逆电流稳压器及其理论分析》的校样，他便将此论文校样连同申请书送到了教育部。

彼时的教育部次长是杭立武。杭立武是英国留学生，与杨宪益相识，罗沛霖便请杨宪益打听消息。不久得知，杭立武把罗沛霖的申请材料交给了刚从美国回来的中央研究院总干事萨本栋。萨本栋审议后给出了意见：此人的研究成果不可多得，出国深造可促进他更好地开展科研，建议批准出国留学。

柳暗花明，罗沛霖出国留学终获批准。他到南京的外交部办出国护照时，需要保证书。罗沛霖找到了兴业电讯厂的前辈赵元良，虽然赵元良知道罗沛霖去过延安，对于当保人一事稍有犹豫，但是出于友情，最后他还是盖了中央无线电器材公司南京办事处的公章，并盖上了他的私章。

在南京办完一切出国手续后，罗沛霖又到了上海。要到美国，需要去天津美国领事馆办理签证并出示经济保证，罗沛霖便请马师亮帮助。马师亮请资源委员会驻美国纽约办事处出一个二千四百美元的信用证。实际上，这二千四百美元是空头支票。

最后，地下党组织拨款五百美元（其中现款二百美元），签证问题才得以解决。

平日，罗沛霖穿衣服很不讲究，这次出国，杨敏如母女坚持给他做了身西服。想到很快就要动身，罗沛霖更加关注国内形势的发展。

1948 年，解放战争发生了急剧的变化：不仅人民解放军节节推进，国统区的人民也开始行动，蒋介石政权已经难以维持。为了建立一个和平、民主、独立的新中国，中国人民应当迅速地准备一切必要的条件。

罗沛霖到美国去学习，就是为建设新中国作准备。为了新中国，罗沛霖义无反顾，同时他也在深刻反省自己：在以往的学习中，尤其是在中学和大学期间，主动积极自学是长处，但课内学习总是不能按部就班，以致学术方面不够系统，这无疑是很大的缺点。这次去美国加州理工学院将面对许多名师，又是为革命而学，负有政治责任，必须总结经验，吸取教训，发挥优点，克服缺点，端正学习态度，改进学习方法，一定要取得优异的成绩，不辜负党的嘱托。

　　9月的天津，秋高气爽。罗沛霖先从塘沽乘船到上海，然后再登上戈登将军号轮船去美国。戈登将军号轮船离开上海码头，航向茫茫的大海，在罗沛霖眼前展现出宽阔无垠的空间。此时人民解放军正在全国各个战场上节节胜利，新中国的诞生已经为期不远。

　　赴美留学时，罗沛霖已经是两个孩子的父亲，三十五岁的他离开校门整整十三年了，时过境迁，大学课程肯定已经变化，而他又将越过硕士学位，直修博士学位，这就意味着，他在补习课程的过程中还要学习更加高深的课程。罗沛霖意识到学习的压力将会很大，但是为了新中国，这些都算不了什么。

　　去美国的航程是漫长的，戈登将军号原是美国在第二次世界大战中的运兵船。甲板上有几间卧室舱，有个别中国学生乘坐。罗沛霖坐的是通舱，几个大舱室，每室几十人。舱室里还堆着一些货物，光线比较昏暗，空气也不大好。因此，罗沛霖除了晚上到船舱里去睡觉，白天大部分时间都在甲板上度过。

　　轮船在海上行驶，遇到风浪时，颠簸得厉害，晕船的人很多。起初，罗沛霖也感觉有点不舒服，不过因为他在学生时代就喜好运动，毕业以后又一直在工厂工作，身体经受过锻炼，所以他很快就适应了海上旅行生活。

海上航行二十天后，罗沛霖终于到达美国旧金山。

美国是个经济发达、技术水平很高的国家。在第二次世界大战中，它未受炮火破坏，因此在经济上得到锐进而领先于欧洲。这和中国当时遭受侵略、被毁坏的残破状态形成了鲜明的对比。想到这些，罗沛霖感慨万千。

到达加州理工学院时，学校给罗沛霖分了宿舍，他和冯元桢同住一个房间。当时一般是本科生才能分到宿舍，研究生在外边住，但有困难的研究生也可住校，享受学校的早点和午饭。罗沛霖经济拮据，便选择了住校，埋头苦学。

加州理工学院坐落在洛杉矶市郊的帕萨迪纳，这个小城约有十万人，大街是商业区，大部分是花园式住宅。大街上，除一家百货公司是六层楼外，其他建筑都是三层以下的。街道清洁，色彩丰富，淡雅清新，令人赏心悦目。

这个学校的诺贝尔奖获得者很多，理科在全球知名。不仅如此，学校在工程、技术等方面的科研力量也相当厉害，因发明晶体管而获得诺贝尔奖的三个人中领头的肖克利就是加州理工学院的博士。

这一切都给罗沛霖留下了美好的印象，想到就要在这里学习、生活，罗沛霖心中很是兴奋。

党组织给的五百美元，连同从中学同学王启元那里暂借的四百美元，在罗沛霖交完第一学期的学费、伙食费、住宿费后，就花去了一大半。

电工专业负责教师索伦森是高压电工方面的权威，美国电气工程师学会会长，著名教授、博士。他对罗沛霖非常关心，当他得知罗沛霖生活有困难时便为罗沛霖申请到圣马力诺市扶轮社奖学金，从第二学期起每个月发放一百美元，共发放六个月。就这样，罗沛霖凑齐了第一学年的费用。

加州理工学院的学习风气既严格又灵活，研究生的考试绝大部分是开卷的，不是考背书，而是考能力、考知识。第一学期，罗沛霖选了四门课，考试成绩得全B，加州理工学院给分极严，得B相当于若干名校得A。

电工专业负责教师索伦森对罗沛霖获得的成绩非常满意。索伦森让罗沛霖给学生改习题，每小时一美元，这也让罗沛霖增加了一些收入。

同时，讲授电子、电路及分析电路的数学方法的皮克令教授对罗沛霖也很赞赏。另外两门课的老师安德森和拉谟也时常对罗沛霖予以肯定。

入学之初，因罗沛霖的英语荒疏已久，听美国人讲课感到有些吃力，但他不断告诫自己，一定要把课业学好。功夫不负有心人，他第一学期就得了全B，从第二学期起，学习成绩就是A、B相间了。

第二学年，罗沛霖选了两门重头课——物理及数学课。因为在十几年前的大学未学高等微积分，所以罗沛霖利用暑假自学，以便与高等数学课相衔接。

讲授这门课的是匈牙利后裔厄尔德依教授，他是著名的数学家，是积分变换的权威。这门课的考试是三个小时，开卷，随便带书，出十道题，难度相当大，能做出三道即得A。如果有悟性，来了灵感，就能解出来，但要是被唬住，就一道都答不上来了。

第二学年的第一学期时，罗沛霖做出了三道，但厄尔德依要求十分严格，阅卷后找他，指出了很多小的差错，因此给了C。罗沛霖对厄尔德依非常敬佩，在他看来，数学家就应该讲究严谨，是一点差错都不能出的。

第二学期考试时，罗沛霖又选了三道题，第一道题做出来了，第二道题也做出来了，但是到第三道题时，罗沛霖只做出了一半，情急之下，他又找了一道题，将其做完。最后，他拿到了 A。厄尔德依认为他做了将近四题，实际成绩超过了 A，对他十分称赞。

还有一门电磁学也是有名的难课，讲授这门课的是司麦斯教授。他是电子学家，也是电磁学的权威学者，他的课本被称为"天书"。

罗沛霖回忆起司麦斯教授第一次上课时的情景：

"你们不要以为向我只学电磁学，我这就是习题课。你们现在上好习题课，把习题做好，将来工作中碰到实际问题就不为难了。"于是，留下许多习题成为他的授课习惯。

每当上课时，司麦斯首先问学生们："我上次留的习题，谁能上来做？"

罗沛霖常常是在星期五晚间做一夜习题，星期六、星期日有时也不休息，仍然做习题。他每周的学习、研究、工作在七十个小时以上，经常到深夜甚至天蒙蒙亮才睡。入学一年以后，作息的不规律和学习的压力使罗沛霖得了十二指肠溃疡，病痛折磨着他，但他毫不气馁。

罗沛霖的出色表现让专业老师索伦森颇为欣赏。在加州理工学院学习一年后，为了让罗沛霖在学习期间能将理论和实践结合，也为了增加罗沛霖的收入，解决他在学习期间的费用问题，索伦森推荐罗沛霖承担了一些研究任务，为他找了一份工作。

当时美国的欧基夫莫利特煤气灶公司委托加州理工学院完成一项研究任务——用永磁材料激励磁极，做小型交流发电机。这家煤气灶公司自己有工程技术人员，正在摸索着试做，但为了研发成功，请求加州理工学院电机系给予理论指导。

索伦森不仅把这项任务交给了罗沛霖，还把四年级的一名学生萨凡特专门配给罗沛霖做助手。萨凡特是一名高才生，每门功课的成绩都是 A。但是，萨凡特很谦虚，当索伦森把他介绍给罗沛霖时，他十分愿意配合罗沛霖做研究工作。

煤气灶公司的任务对于罗沛霖来说并不像他过去在延安通信材料厂和中央无线电器材厂重庆分厂时那样，从事电台的设计和制造，在实践中有所发现、有所发明，总结出来，写成论文，而是为这家煤气灶公司制作小型交流发电机，没有现成理论，要独立给予理论上的说明。

罗沛霖是学过电机学的，首先他把自己的电机理论回顾了一遍。然后，他便对着设计图纸仔细地研究起来，对制作发电机所使用材料的性能逐一研究。罗沛霖经常在完成繁重的课业后在深夜里加班加点来钻研。

到了暑假，罗沛霖放弃了各种游览参观和休息，全力以赴，决心完成研究任务。

功夫不负苦心人，罗沛霖发现了永磁材料的特殊性需要特殊处理。一般电机在增加负载时输出电压下降，但经过罗沛霖的理论计算发现，这种电机有的不下降，反而上升。

当罗沛霖把研究得出的一组数据交给索伦森教授的时候，索伦森惊喜异常。他立即拿着这些数据去找煤气灶公司的弗兰特，弗兰特仔细看了罗沛霖计算的数据，连连称赞。

其实，煤气灶公司也已经从实验中发现了永磁发电机的特异现象，但用通常理论计算不出来，也不能解释，才找加州理工学院电机系的研究人员进行理论上的研究。之前，他们有意不告诉罗沛霖已经发现的现象，就是要看看罗沛霖能否在理论和数据上得出结果。

罗沛霖的研究成果让煤气灶公司决定定量地设计这种电机，从此开始转行做小型交流发电机。

正是因为这个科研项目，罗沛霖独立发现并阐明了永磁激励凸极交流发电机加载后电压上升的异常现象，给出了计算方法，并得到了实验数据的验证。

索伦森老师把罗沛霖的科研成果向学院报告，学院因此给了罗沛霖电机系研究生的最高奖学金，即每个学年奖励一千美元，同时免去了学费。这样，加上项目科研费每小时一美元，罗沛霖所需的费用就完全不成问题了。

在罗沛霖出色地完成了煤气灶公司委托加州理工学院电机系承担的永磁交流发电机理论研究后，索伦森又推荐他担任一家车辆公司进行永磁激励发电机设计的技术顾问。这一工作使罗沛霖在创造性地解决了永磁激励发电机受载升压特异现象的机制后，又在理论上做了进一步的验证，并导出了优化励磁系统的方法。

罗沛霖的这些研究成果后来成了他的博士论文的基本内容。不过考虑到这些成果不为美国所广泛使用，这篇论文并未发表。

03 历经波折　终回祖国

加州理工学院的学习风气严肃而活泼。在一些特别的日子里，学生们能开很离谱的大玩笑。最有名的是一次东部、西部两个大学代表队一年一度的"玫瑰搏斗"——橄榄球大赛。

当时，几位加州理工学院的本科生事先把计分软件偷偷改了，到比赛结束时，计分显示板上出现了滑稽可笑的东西，分数乱了，使人哭笑不得。为此，据说后来在洛杉矶奥林匹克运动会时，美国政府还特别嘱托加州理工学院做软件开发的学生，让他们千万不要开玩笑。

▶ 罗沛霖

还有一件事情，让罗沛霖印象深刻。也是在一个欢乐的节日里，人们都离开宿舍了。有几个同学要开另一个同学的玩笑。他们事先拆散了一辆破汽车，送到那个同学的卧室里，然后很快地把车子装配了起来。被开玩笑的同学回到宿舍后，目瞪口呆。因为车子既来不及拆散，也不能从房门推出去，最后不知他是睡到车子里了，还是去另外的房间睡觉了。

当然，美国大学生们的生活之活泼，绝不限于开玩笑，他们的课余生活同样丰富多彩。曾有一个同学潜心于滑翔，参加了全美滑翔锦标赛，他还把自制的滑翔机带到校园来展示。

多年后，罗沛霖在回顾留学往事时仍觉得这是自己一生中最快乐的一段学习时光，他赞叹美国大学的小而精。回国后他还据此经验，为新中国的办学提出了自己的见解。

在美国，罗沛霖接触最为频繁的是钱学森一家。1949年9月，原在麻省理工学院工作的钱学森带着夫人蒋英和孩子从马萨诸塞州的坎布里奇来到加利福尼亚州的帕萨迪纳，担任加州理工学院的戈达德讲座教授，兼任古根海姆喷气推进研究中心主任。

对于钱学森的到来，罗沛霖非常高兴，在异国他乡，有位知心好友来到身边，给罗沛霖带来了很多鼓舞和慰藉。

而此时国内国民党节节败退，中共更加重视在美中国留学生的交流联络工作。

罗沛霖也接到党组织的指示，要求积极开展留学生的争取工作。比他稍早，曾任国民党第一战区司令长官、西安绥靖公署主任胡宗南机要秘书的熊向晖，也在 1947 年 7 月被中共秘密派往美国，公开的身份仍是国民党，而他的红色身份却鲜有人知。

钱学森搬回加州理工学院后，罗沛霖因为与钱学森有亲密的友谊，理所当然成为钱学森家中的常客，成为钱学森的红色挚友，对钱学森后来回国产生了深刻的影响。

1948 年底，中国科学工作者协会的一些会员在美国中西部发起建立了中国科协留美分会，1949 年 1 月 29 至 30 日邀请会员在芝加哥成立留美中国科学工作者协会。到 5 月底，全美国已成立 13 个区会和 10 个学术小组，拥有会员 344 名。

◀ 1995 年春节，杨敏如、钱学森、罗沛霖交谈中

在名为《我们的信念和行动》的宣言中，留美科学工作者发出了自己的呐喊："我们认为中国人民的革命战争已经接近彻底胜利，新中国的全面建设即将开始，因此每个科学工作者都有了更迫切的使命和真正服务人民大众的机会，这是我们千载难逢的良机，也是我们这一代中国科学工作人员无可旁卸的责任。我们应该努力加强学习，提早回国参加建设新中国的行列。"

该协会的任务是动员留美人员回国。罗沛霖当时是该协会的重要领导成员，是留美中国科学工作者协会加州理工学院分会的负责人。

南加州（即洛杉矶地区）有三所较有名的大学，最有名的是加州理工学院，其次是加州大学洛杉矶分校（UCLA），第三个是南加州大学（USC）。

这几个学校都有中国学生，南加州大学的少一点，举办活动都得去加州理工学院。虽然几个学校距离很远，但三个负责人采取轮流坐庄的办法，把活动办得十分活跃。他们先后组织过科学知识报告会、国内形势座谈会等联合活动。钱学森经反复思考，当时已决定回国并且正在准备，他只参加活动不列名，以免引起麻烦。

钱学森来加州理工学院的时候告诉罗沛霖，他已经申请辞去美国空军科学咨询团成员和海军炮火研究所顾问的职务，目的是不想介入太深，尽可能地脱离与美国政府的联系，将来可能要回国。

罗沛霖想起，两年前他们在北平见面时钱学森就曾与自己谈过，出国留学是为了学成以后报效国家。钱学森离开上海时，也曾对同学戴中孚表露自己的心声："现在中国时局混乱，豺狼当道，我到美国去学技术是暂时的，等国内稳定，学成之后一定回来为祖国效力。"

罗沛霖自然也想着早日回国。在他离开天津后不久，辽沈战役便打响了，接着是淮海战役和平津战役，只用了四个多月的时间，三大战役便结束了。

解放平津之后，南京和上海解放。接着，南方的城市一个个解放……罗沛霖每天都从美国的报刊得到消息。同时，从杨敏如的来信中，罗沛霖更深切地感受到了国内人民对新生活的向往。

1949 年 10 月 1 日晚上，罗沛霖在加州理工学院通过短波无线电收音机收听到一个令人激动不已的消息：中华人民共和国成立了，新中国诞生了！这一天，是全中国人民都期盼已久的。

虽然罗沛霖从延安开始就对新中国的成立充满信心，比别人更早地期盼新中国的诞生，但他还是有些惊讶，这一切来得比他预想的要快！从在重庆见到毛泽东到现在仅仅四年时间，中国就发生了翻天覆地的变化。

新中国成立，所有留学生都兴奋不已，决定聚会庆祝一番。于是，罗沛霖召集在美的好友。

罗沛霖找了冯元桢[10]和郑哲敏[11]，三个人商量以加州理工学院中国同学会的名义，由他们发起组织中秋晚宴。随后，他们便分头去通知在校的中国同学。

1949年10月6日，中秋之夜，圆月像一轮明镜高悬在帕萨迪纳上空，在加州理工学院校门对面竞技公园的花园中摆起了一张很长的长方桌，这就是晚宴的场所。在校的中国同学、钱学森、蒋英都参加了。祖国新生，不再受列强欺凌，海外游子扬眉吐气、激动万分。

与此同时，一股游子思归的强烈情感在他们心头涌动。每个人都相互传递着来自祖国的最新消息。大家互相祝酒，亲切交谈，情绪高涨。人们发自内心地感到喜悦，怀着无限的敬意，庆祝祖国的新生。

罗沛霖思绪万千，他刚到加州理工学院的时候，解放战争正在激烈进行，中国留学生都非常关心国内的消息，大家便凑了一点钱，由罗沛霖负责，订阅了一份纽约的《华侨日报》和一份香港的《大公报》。

同时，罗沛霖又设法从旧金山和芝加哥找来了一些中文书刊，包括一本《整风文献》，其中收录了毛泽东的一些文章——《改造我们的学习》《整顿党的作风》《反对党八股》等。

这些都存放在罗沛霖住的房间里，人们都争相到他那里去翻看，罗沛霖的宿舍似乎成了一个小小的阅览室。

归心似箭，大家都在做各自的准备，这时却发生了意外情况。

1949年底的一天，电机系办公室忽然来了个陌生人，他

[10] 冯元桢(1919年9月—2019年12月)，祖籍江苏武进，美籍华人，力学和生物力学家。生物力学的开创者及奠基人，有"生物力学之父"的美誉。美国国家科学院院士、美国国家工程院院士、美国国家医学院院士、中国科学院外籍院士及台湾中央研究院院士。2000年获美国科学界最高荣誉"美国国家科学奖章"，为获此殊荣的首位生物工程学家；2007年获地位堪比诺贝尔奖的"拉斯奖"（Russ. Prize）；获得美国"百年大奖"、美国国家工程院"奠基者奖"、中国南京大学世纪校友学术成就金质奖章等。

[11] 郑哲敏(1924年10月—2021年8月)，出生于山东济南，浙江宁波人，物理学家、力学家、爆炸力学专家，中国科学院学部委员(院士)、中国工程院院士、美国国家工程科学院外籍院士，2012年度国家最高科学技术奖获得者，中国爆炸力学的奠基人和开拓者之一，中国力学学科建设与发展的组织者和领导者之一。

▲ 回国前的郑哲敏

出示了联邦调查局证件，说找罗沛霖调查钱伟长。罗沛霖心里觉得很奇怪，他和钱伟长只见过一面，就是1947年他去北平找钱学森之时。当时，他听钱伟长讲，抗战开始后，钱伟长曾受叶企孙委托，负责清华大学南迁昆明事宜。在此期间，他因协助冀中八路军制造炸药，见过冀中军区司令员吕正操，到了昆明后不久便出国留学。罗沛霖知道钱伟长和共产党、八路军的关系，觉得联邦调查局调查钱伟长肯定与此有关。当然，他肯定不会把这事告诉美国联邦调查局。

当时，钱伟长早已回国，罗沛霖奇怪联邦调查局为什么还要对他进行调查。后来仔细一想，这实际上是对钱学森在做间接调查，因为钱伟长和钱学森在美国曾经一起做过研究工作。而在加州理工学院，大家也都知道罗沛霖和钱学森关系密切，联邦调查局企图从罗沛霖这里搜集有关钱学森的材料。

同时，也不排除美国政府有可能已经注意到了罗沛霖，毕竟他是到过延安的人。无论哪种情况，被联邦调查局盯上，都是一件麻烦的事。于是，罗沛霖马上去找钱学森，告诉他联邦调查局来人调查钱伟长的情况。两个人互相叮嘱做好思想准备，并且加快回国的准备工作。

实际上，这是麦卡锡在加州理工学院制造的事端。麦卡锡是美国工会的一名参议员，从1948年起，他操纵美国参议院常设调查小组委员会，叫喊着要警惕和防范共产党的威胁。他借口"共产党人渗透"，到处搜集材料，进行非法审讯，采取法西斯手段迫害民主和进步人士，掀起了一场席卷美国的诽谤运动。麦卡锡是美国当局的传声筒、御用工具和打手。他与反共老手、任美国联邦调查局局长将近五十年的胡佛是至交，一个在前台，一个在幕后，闹得整个美国人心不安。

麦卡锡声称，他掌握了在国家部门工作的二百零五名共产党人的名单。新中国的成立使麦卡锡的注意力转向正在加州理工学院工作和学习的中国人身上。钱学森因任职加州理工学院喷气推进实验室的负责人，受到了联邦调查局的追查。

　　钱学森拒绝配合调查，他的强硬态度不仅令联邦调查局的官员失望，也令其感到恼火。为了加害钱学森，美国政府指控他十多年前参加过美共地方支部的聚会，由此吊销了钱学森在美国参加机密研究的证书，同时剥夺了他继续进行喷气推进技术研究的资格，并对他进行了严格的监控。

◀ 钱学森每个月到移民归化局报到的记录

　　1950年6月25日，美国发动了侵略朝鲜的战争。罗沛霖考虑，美国可能对中国在美国的学生进一步采取迫害行动。因此，他必须尽快离开美国，否则很难说还会发生什么祸事。

　　于是，罗沛霖去找专业老师索伦森，把自己要回国的事告诉他。索伦森听了，感到惊讶，他不理解罗沛霖为什么不等到完成博士学业再回国。他觉得这实在太可惜了。

　　"你应该接着读下去，生活没问题，钱也有，这些你不要担心。可是为什么要走呢？"索伦森还以为是罗沛霖的经济又出了问题。

"因为炮打到家门口了，"罗沛霖说，"我一定得走。"

看到罗沛霖的态度如此坚决，索伦森一时沉默起来。过了一会儿，他说："要拿到博士学位，一般要读二十七个月，你只读了二十二个月。不过这也没问题，我查过你在大学所学课程，可以把在大学所修输电学课作为研究生课，这样来补足博士学位的学分要求。"

"你原为解决生活问题所做的电机理论与设计方法研究成果可以作为论文。从外委单位科研项目中产生论文题目，正是我们所希望的。"

罗沛霖非常感谢索伦森的关照。罗沛霖的论文还没有做，索伦森便让他先把实验报告交上来。然后，索伦森又把罗沛霖的实验报告交给司麦斯，征求其意见。司麦斯看了两天，把罗沛霖叫去，给了一个简单明了的高度评价——"扎实"。

索伦森趁着教师们还都没有休假赶紧安排答辩。于是，索伦森找了授课教师安德森、皮克令、司麦斯、厄尔德依，还有麦克坎（他是电机学、输电学专家），由索伦森负责，组成了一个博士答辩委员会。

答辩时，教师可以出任何一个问题，一般要问到答不出来为止。罗沛霖总的来说答得不错，只有麦克坎问了一些没学过的知识，罗沛霖老实地说不懂。麦克坎所问显然超出了所学，但凡罗沛霖过去听说过的，他都能答上来。

很快，罗沛霖被通知去电机系办公室，索伦森正在那里等候，他欣慰地对罗沛霖说："祝贺你，你的博士答辩通过了。"罗沛霖承诺写好论文后补交。

他告别索伦森后，便直接到钱学森那里，把博士答辩通过的消息告诉了钱学森和蒋英。

钱学森和蒋英也为罗沛霖通过博士答辩而高兴，并约他一起去洛杉矶的总统轮船公司办事处买赴香港的船票。

到了轮船公司办事处，工作人员说，罗沛霖是学生，可以买票；按美国政府规定，钱学森不是学生，不能卖给他。于是，罗沛霖决定乘船到香港，钱学森和蒋英决定买加拿大太平洋运输公司的飞机票，先去加拿大，再从那里回国。

时值朝鲜战争期间，美国客船已经不在中国内地港口靠岸。轮船公司办事处的人刚开始不同意给学生们办过境签证，经过学生们的努力争取，办事人员才开始办理，但每班船只允许乘一百二十五名学生。罗沛霖乘坐的是第一班船——克里夫兰号，实际上只有三十四名学生买到了票，船上就无舱位了，根本没有罗沛霖的票。

正当罗沛霖心急如焚时，有一个客人告诉他，自己是从洛杉矶乘船，经旧金山到夏威夷去。轮船公司办事处的人也告诉罗沛霖，他可以坐飞机赶到夏威夷去上船。有这样一个机会，罗沛霖自然不肯放过，就买了从夏威夷到香港的船票。

罗沛霖回到学校，连夜整理行装，最重要的行李是书籍和笔记本。他来美国读书，学费和食宿都很紧张，自然也就没有钱买什么东西。收拾行装时，他想起自己对家人的愧疚——来美国后，他曾寄回家中五美元，而杨敏如用这钱买了一块表，还买了十本一套的《干部必读》。

刚到美国不久，罗沛霖的一双儿女罗昕和罗晏同时得了百日咳，罗沛霖通过校医务部门买了两盒盘尼西林（青霉素），寄了回去。后来罗沛霖因为参加工作挣了些钱，学习和生活的费用也就宽裕一些，他寄回家中一百一十美元，杨敏如用这钱买了一架旧钢琴。

▶ 罗沛霖的 Rolleiflex 相机

罗沛霖在美国学习期间，自己制作了一台扩音机，音质很好，作为纪念，他想带回去。于是，他将扩音机先用废纸包好，再放进一个较小的纸箱中，然后才装入大木箱里。

他陆续买下的七十几张唱片是他最心爱的东西，当然要带回去。罗沛霖把唱片从盒子里一张张取出，盒子装箱托运，唱片随身携带。为了保证唱片不被磨损，他用纸把唱片一张张包好。就这样，罗沛霖忙了整整两天两夜，终于把行李整理好了。

好友郑哲敏开车送他去洛杉矶火车站托运。之后，罗沛霖坐火车去了旧金山。清早抵达，晚间就上了飞机赶往夏威夷，之后换乘开往香港的轮船，还算顺利。

船开到马尼拉，有位同学上岸探望亲戚，回到船上以后告诉罗沛霖：他在报上看到一则消息，钱学森在美国被拘捕了。罗沛霖听到这个消息大吃一惊，美国联邦调查局果然不肯轻易放他回国。

后来他了解到，钱学森把行李交轮船公司威尔逊总统号运出，准备乘飞机去加拿大时在洛杉矶机场被扣。其理由是：根据美国的法律，钱学森不能离开美国。凡是在美国受过火箭、原子弹以及武器设计这类教育的中国人，将不得离开美国。美国当局认为，他们可能被共产党利用。

罗沛霖和同回国的同学们一方面对美国当局的行径表示激愤，担心留学生的安危，另一方面也庆幸自己尽快离开了美国，否则后果不堪设想。

果不其然，在回国的途中，罗沛霖就亲眼见证了不幸：当开往香港的下一班船经过日本时，和罗沛霖一起在加州理工学院组织留美中国科学工作者协会的赵忠尧、沈善炯、罗时钧都被美军扣押了。罗沛霖这时还不知道，他刚离开美国，美国联邦调查局就去了加州理工学院查问罗沛霖的去向。

美国政府对中国学者的迫害引起了中国学人及部分美国学人的抗议，他们呼吁国际社会予以援助。赵忠尧、沈善炯、罗时钧蹲了五十四天监狱才被释放出来。钱学森被关押了半个月，由一些美国朋友保释，但是被羁留在美，不准回国。

在太平洋上航行的时间很长，罗沛霖借此整理完成了他的博士论文。

好不容易到了香港，香港当局却不准他们登陆，罗沛霖和同学们只好在船上等着。幸运的是，船停在九龙码头，在船上可以发电报，罗沛霖告诉广东省政府，三十九名学生从美国回来了。第二天，香港当局派警察把罗沛霖他们押解出港。

过了罗湖桥，广东省政府已经派人来接留学生到广州。还没来得及休息，罗沛霖急忙把博士论文寄给了在美国的郑哲敏，郑哲敏又委托人打印，请钱学森填补了公式，然后交给了索伦森。经过加州理工学院审批，1952 年，正式授予罗沛霖特殊荣誉头衔哲学博士学位。

▶ 1951 年 11 月，沈善炯、罗时钧、赵忠尧在国民党驻日代表团院内合影

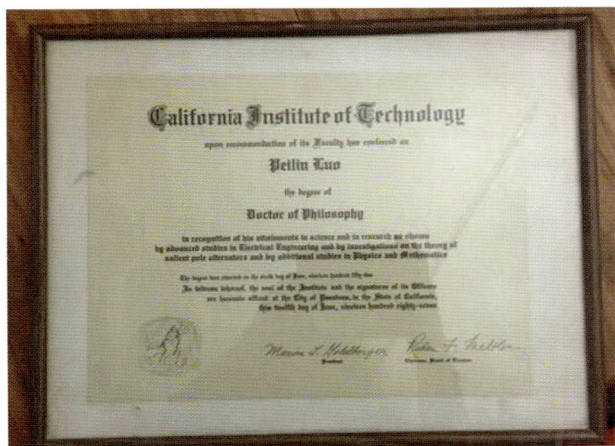

◀ 罗沛霖哲学博士学位
证书

　　[本文摘自刘九如、唐静主编的《罗沛霖传》，第 29-106 页，
有改动]

红色科学家罗沛霖：创造出属于八路军自己的通信电台

"国家兴亡，匹夫有责。"

1937 年抗日战争全面爆发后，有这样一位科技工作者，他不顾个人安危，毅然奔赴革命圣地延安，在极其艰苦的科研条件下，凭借爱国情怀和实干精神，将自己的所学发挥到极致，极大地促进了我党无线电台的研制工作，有力地支持了抗日战争。他就是新中国电子信息产业的开拓者与奠基人之一、中国科学院院士、中国工程院院士罗沛霖。

2022 年 8 月 15 日是日本战败投降 77 周年纪念日。让我们怀着崇敬之心，品读这位"红色科学家"的传奇人生，感悟他爱党爱国的赤胆忠心。

奔赴延安参加革命

1913 年，罗沛霖生于天津。受父亲职业的影响，他自幼就对无线电产生了很大的兴趣。

1931 年，罗沛霖考入国立交通大学电机工程系。在这里，他在钱学森的影响下读遍了图书馆里所有关于电信知识的书刊，同时自修了现代物理。

大学毕业后，罗沛霖先是去了广西，在国民革命军第四集团军无线电厂担任电子工程师。之后，他又辗转至上海中国无线电业公司，并随着工厂来到了武汉。1937 年 12 月 13 日，罗沛霖怀着强烈的爱国热情，放弃优厚的待遇，投奔延安参加革命。

1938 年，罗沛霖抵达延安后发挥自己的电子学特长，参与创建了中央军委三局通信材料厂，主持技术和生产工作。当时延安的通信器材主要靠战场缴获并进行改装，还不具备自主研发能力，通信材料厂一经成立，罗沛霖便立即带头研制电台。

◀ 1997 年，罗沛霖（右一）重访延安

在延安极为困难的条件下，他和同事们用猪油代替润滑油，用烧酒作酒精，用木头作绝缘材料，设计研制了可变电容器、波段开关和可变电阻等多种无线电零件，最终造出了属于八路军自己的通信电台。此后，罗沛霖还负责研制了数十部 7.5 瓦移动电台和一部 50 瓦发射机，很好地改善了我军在对日战场上通信落后的状况。

做一名党外布尔什维克

1939 年，罗沛霖按照党组织的决定来到重庆，董必武让他留在党外做统一战线工作。

作为一名"党外布尔什维克"，罗沛霖更加积极地投身于党的地下工作，他协助章乃器开办了重庆上川实业公司电机厂，建立秘密工作基地；参与组建了青年科学技术人员协进会，并担任干事，该协进会坚持团结、抗战与进步的方向，凝聚了百余位进步的青年科技人员。

1945 年，毛泽东同志到重庆时，在红岩村与罗沛霖等三位青年科技人员协进会的骨干人员见了面，并勉励他们多做知识分子的工作。随后，在中共中央南方局的领导下，在青年科技人员协进会的基础上成立中国建社，联合热心民主建国的科技人员，合力发展科技事业，推进建国工作。罗沛霖是共同负责的三位常务干事之一。

1947 年，全国解放在即，新中国建设急需技术人才，党组织决定派罗沛霖赴国外深造。在钱学森的建议下，罗沛霖向美国加州理工学院提出了入学申请。鉴于他过往丰富的工作经验和优异的成绩，加州理工学院建议他直接攻读博士学位。罗沛霖格外刻苦学习，仅用不到两年时间就完成了课程和论文。

朝鲜战争爆发后，罗沛霖决定立刻回国，并为此申请提前进行答辩。同时，他婉拒了导师的高薪挽留。

最终，校方根据罗沛霖的情况为他提前安排了答辩。几经险阻，他终于踏上了回国的轮船，并在船上完成了博士毕业论文。

向电子科学进军

1950 年 8 月，学成归国的罗沛霖进入当时正在组建中的电信工业局，任技术处长，参与指导了用于抗美援朝战场的骨干电台的设计和制造工作。

此后几年，罗沛霖曾两度独自赴德国考察谈判，组建了我国第一个大型综合电子元件联合工厂——华北无线电器材厂，为我国电子工业的自力更生发展和配套电子设备的生产打下了基础。

1956年3月24日，罗沛霖正式加入中国共产党。这一年，他参与了《1956—1967年科学技术发展远景规划纲要》的讨论和制订工作，任电子学组副组长。

他根据多年的实践经验，对发展电子学的技术方向、技术政策提出了较为完整的见解，并提交了"发展电子学紧急措施"的建议书，还与教育部有关同志共同拟出电子科学技术培养高等人才、建立科系的五年规划，为推动我国电子科技的发展奠定了基础。

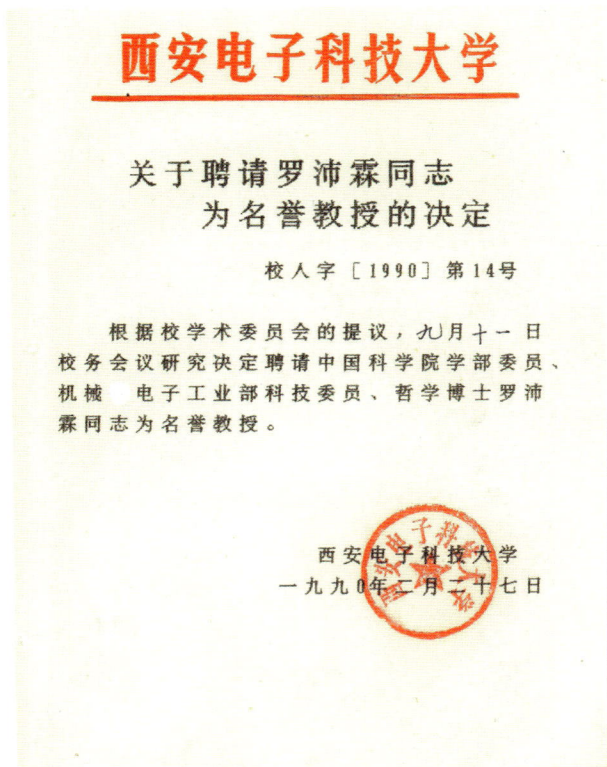

▲ 关于聘请罗沛霖同志为西安电子科技大学名誉教授的决定

此后，罗沛霖多次主持制订电子科学技术发展规划，探索该领域的发展方向，指导中国第一部超远程雷达和第一代系列计算机的启动研制工作，对雷达检测理论、计算机运算单元以及电机电器等均有创造性发现。

2011年4月17日，罗沛霖在北京与世长辞，享年98岁。罗沛霖曾直言道："国家需要我做什么，我就做什么。"无论是在党的革命战争时期，还是新中国的建设时期，他始终不忘初心、牢记使命，为我国电子科学技术的发展奉献了一生，为新中国的电子事业做出了奠基性和开拓性贡献。

罗沛霖大事年表

1920 年，插班入北师大附小一年级。

1925 年，就读于天津河东行宫庙小学；夏，小学毕业，就读于南开中学。

1931 年，就读于国立交通大学电机系，攻读学士学位。

1932 年，"一·二八"事变，日军侵入上海，学校停课，遂在清华大学注册借读约一月，交大复课即返校。

1938 年，任中央军委三局通信材料厂工程师。

1948 年，就读于加州理工学院，攻读博士学位。

1954 年，任华北无线电器材联合厂总工程师兼第一副厂长；当选第一届北京市人民代表大会代表。

1955 年，兼任第二机械工业部第十局第十一研究所所长。

1956 年，经所在支部通过，加入中国共产党；当选第二届北京市人民代表大会代表。

1962 年，任第十机械工业总局副总工程师。

1962 年，任中国电子学会副秘书长、北京工业学院（现北京理工大学）特聘研究生导师。

1963 年，第四机械工业部成立，任第四机械工业部科技司副司长。

1980 年，当选中国科学院学部委员。

1981 年，任中国科学院技术科学部常务委员、计算机分学科组组长、电子学学科组副组长。

1983 年，当选中国电子学会首批特级会员（后改称会士）；任北京理工大学名誉教授。

1984 年，任北京大学兼职教授。

1989 年，当选中国人民政治协商会议第七届全国委员会委员。

1990 年，任西安电子科技大学名誉教授。

1991 年，任桂林电子工业学院名誉教授。

1994 年，当选中国工程院院士。

1995 年，任国防科技大学兼职教授。

2000 年，中国工程院授予其"2000 年度中国工程科技奖"。

院士当年亦青春

第三篇

毕德显院士
求学记

毕德显（1908年12月21日—1992年1月12日），男，山东平阴人，电子学家、教育家，中国科学院院士，中国雷达工程专业的主要创始人，中国电子学界最早进行信息论在雷达和通信领域应用的研究者。1952年，调任中国人民解放军通信工程学院（今西安电子科技大学）工作。

毕德显曾是中国电子学会第一、二届理事，中央军委电子对抗小组电子对抗和雷达技术顾问，曾任中国人民解放军总参通信部科学技术委员会副主任，1959年、1964年分别当选第二、三届全国人大代表，1978年、1983年分别当选第五、六届全国政协委员。

毕德显一生致力于我国国防通信事业的教学、科研和管理工作，在雷达理论、信息论及电磁场与天线理论方面有高深造诣和突出建树。在他的倡导和努力下，最早创建了我国的雷达工程专业，在国内率先将自动控制技术、脉冲技术、微波技术和检测理论等应用于雷达工程专业的教学工作中。毕德显为把信息论普及到通信、雷达领域进行了开创性探索，培养出大批高级电子技术人才，取得了显著成绩，为开创我国雷达技术科学研究、发展雷达和通信事业、培养雷达及通信工程领域高级技术人才做出了不可磨灭的贡献。

毕德显院士
雷达工程教育的开拓者
张直中
2001年 8月 30日

　　1908 年 12 月，毕德显出生于山东省平阴县东三里庄的一个远近闻名的大家族。自幼聪慧的毕德显 7 岁随邮电局任职的父亲毕先绅到东阿县模范小学读书。1923 年以优异成绩考入教会学校泰安萃英中学，1927 年被免试保送至济南齐鲁大学物理系学习。1930 年春，齐鲁大学因故停办，经老师推荐，毕德显转入燕京大学[12]物理系插班学习。1932 年，本科毕业后，他一边留校任助教，一边攻读研究生。1934 年，他从燕京大学物理系毕业。他于 1941 年获美国斯坦福大学硕士学位，1944 年获加州理工学院博士学位。他被誉为"中国电子科学泰斗""中国雷达事业先驱""中国军事通信工程教育奠基人"。

[12] 燕京大学，即今北京大学。

01 入学燕园　初显锋芒

1927 年夏天，带着亲人的嘱托和对美好新生活的向往，18 岁的毕德显来到齐鲁大学物理系开始大学生活。1930 年春，毕德显经老师推荐，转入燕京大学物理系二年级，投师于我国著名物理学家谢玉铭[13]教授门下。

▶ 燕京大学

当身着长褂、手提布包的青年毕德显风尘仆仆地来到燕京大学时，绝大多数新生已经注册完毕，正利用开学前的最后一点时光做着各自的准备工作。

望着高大的校门，毕德显不知该到哪里注册，正在犹豫时，眼前走过一名穿西服、扎领带、边走边看书的高个子年轻人。

"请问，新生注册处怎么走？"

也许是毕德显一口地道的山东话引起了对方的注意，年轻人把目光从书本上收回来，上下打量了一下毕德显。

"进门往左手方向拐，穿过大石桥，在教学楼的一层。"年轻人说完又眼不离书地走了。

由于是转学，毕德显除了普通的行李外，还带上了所有的课本，肩上的背包压得他满头是汗。正要起身，刚才离去的年轻人忽然转身走了回来。

"来，你的东西太多了，我帮你拿一些。"来不及客气，年轻人已经抢过去一个提包。当得知毕德显是物理系二年级的插班生时，年轻人高兴地说："太好了，我也是刚转学过来的，昨天才注册。我叫袁家骝[14]，以后我们就同班了。"

袁家骝的热情和彬彬有礼给毕德显留下了深刻的印象。

开学不久，毕德显就发现自己与校园里的氛围有太多的不协调。原来，燕京大学是有名的贵族学校，有的学生还是政要子弟。

此外，来自檀香山及南洋的华侨学生都只说英文，不但有钱，而且洋化，这些人虽然也会说一些广东话，可从来不用。上课时，老师也只用英文。显然，在这种环境里，如果英文不好，就会被人看不起。

另外，还有一些小资产阶级的子弟，他们多半是家里与教会有些关系，才勉强挤进燕京大学读书的。学生中一半是西装革履，另一半是经年一件蓝布大褂，毕德显就是"大褂族"中的一员。

起初，土、洋两类学生很少主动来往，特别是知道袁家骝是袁世凯的孙子后，毕德显总是有意无意地回避他。

好在学校毕竟是以学习为主、靠成绩说话的地方。由于在萃英中学打下的英文底子，毕德显一口流利、纯正的英语使"西服族们"惊叹不已，特别是扎实的数学功底，使他在严谨

[14] 袁家骝（Luke Chia-Liu Yuan，1912年—2003年），美籍华人，中央研究院院士，物理学家，袁世凯次子袁克文之子。由于成就卓著，他曾两获美国科技大奖。

◀ 毕德显

[15] 孟昭英[1906 年 12 月—1995 年 2 月]，出生于河北乐亭，电子学家、物理学家，中国科学院学部委员[院士]。清华大学现代应用物理系教授。

的物理学推导论证中得心应手，几乎每次考试都独占鳌头。他很快就赢得了全班同学的尊敬。

物理系每年都要搞科学仪器展览。负责布置展览的是物理系助教孟昭英[15]，毕德显和袁家骝被推荐去协助他工作。在一个多月的筹备中，两人有了更多的接触和了解。

令毕德显吃惊的是，这位祖父的生前权势与身后骂名同样"显赫"的袁氏之后，并没有官宦子弟骄奢淫逸的通病，却有很多书香门第的传统美德，办事认真，学识渊博，做学问一丝不苟。

袁家骝这种品格的形成，竟多半得益于其家族，尤其是他这一支的式微。其父袁克文是袁世凯的庶子，虽有"皇二子"之称，却因写了"绝怜高处多风雨，莫到琼楼最上层"的诗句来讽谏洪宪帝制而被袁世凯软禁。

种种原因使袁克文后来不得不远离北平，在天津、上海闲居，42 岁即病故。袁家骝和哥哥及妹妹从小跟着母亲在河南乡下生活。

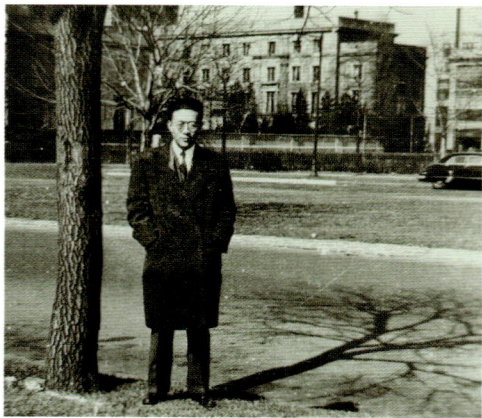

▶ 毕德显

13 岁那年，袁家骝离开安阳，到天津南开中学读书，一个月后，再转入英国伦敦传教会创办的新学书院。在那里，他得到了很好的科学启蒙。1928年，袁家骝考上天津工商大学念工程学，1930年转学到燕京大学。

了解了袁家骝的身世后，毕德显更加敬重这位好友了，二人的友谊进一步加深。他们经常一起上课，一起自习，一起实验，他俩合作的实验报告总是被当作范例。

一次在写到一个能量单位keV时，他俩在字母"k"应该大写还是小写这个小问题上发生了争论，袁家骝就冒着酷暑跑到图书馆，待查实是小写后才放心。这件事给毕德显留下了非常深的印象。

而袁家骝也非常敬重毕德显的学业和人品，把毕德显当成自己的良师益友。他常说："我们一个班的同学中，将来有大成就的非德显兄莫属！"

家庭的熏陶、自身的努力、老师的教导，使毕德显在学业上进步很快，他卓越的才华得到了系主任谢玉铭教授的青睐。

◀ 谢玉铭与夫人张舜英

谢玉铭先生毕业于北平协和大学，曾赴美深造，获得哥伦比亚大学物理学硕士学位和芝加哥大学哲学博士学位。1925年，他在芝加哥大学物理系跟随著名物理学家、诺贝尔物理学奖获得者 A. A. Michelson 教授从事光的干涉研究，在国内物理学界享有较高声誉。

谢先生深刻了解科学实验对理工学科的重要性，他在讲授普通物理时几乎每堂课都进行生动且富有启发性的演示实验。这些实验是他不惜用很多时间和精力准备的，演示所用的许多仪器设备是他亲自设计、制作的。这些实验给毕德显留下了深刻的印象。

谢先生还非常重视训练学生自己动手设计、制造实验仪器。他为物理系建了一个金工和木工室，聘请专业人员，指导高年级的学生和研究生使用机床加工设备。毕德显、袁家骝等人便成了这里的常客。

有一次，毕德显以 P. A. M. Dirac[16] 所说的"一个好的理论，在感觉上就是美的"来请教谢先生。谢先生知道自己的得意门生已经开始涉猎物理科学的深层次问题了，很高兴。

他说："物理理论的发展，有两条路并进：一条是主体的中心方向与实验相结合；另一条要以结构的美为中心任务。在不同的时候，一条路比另一条路来得更宽广，不过最后两条路有殊途同归之妙。"

接着，谢先生又兴致勃勃地说："你知道吗？世界上很多著名的大物理学家都非常重视物理学研究的灵感与创造问题……德显，你的数学功底很好，这是得天独厚的，我看，在文学、艺术上，你还要加强修炼才好。"

谢先生的教诲，毕德显句句铭记在心。从此，他更加注重自己各方面的修养，甚至还和袁家骝一起拜刘天华[17]为师。毕德显常用"识见精准宽博，情怀诚挚热烈"来表达自己对恩师的敬佩之情。

1932 年暑假，毕德显以全优的成绩本科毕业，并留校担

[16] P. A. M. Dirac（1902年8月—1984年10月），男，英国理论物理学家，量子力学的奠基者之一，对量子电动力学早期的发展做出了重要贡献。

[17] 刘天华（1895年2月—1932年6月），原名刘寿椿，江苏省江阴市澄江镇西横街人，中国近代作曲家、演奏家、音乐教育家。

任助教。紧接着，他开始了又一轮登攀，考取了母校的研究生班。

与此同时，谢玉铭先生应邀到美国加州理工学院任客座教授，和著名科学家 W. V. Houston 合作开展氯原子光谱巴尔末系精细结构的研究，发现了后来被称为兰姆移位的现象。这在光谱学和量子电动力学发展史上具有重要意义。

谢先生走后，由英国人班威廉教授[18]接任物理系主任，并担任毕德显的研究生导师。

班威廉任燕京大学物理系主任达 10 年之久，是燕京大学物理系任职时间最长的系主任。他的研究涉及统计力学、热磁学和电磁学、相对论、现代物理中的哲学问题等众多领域。

他还是一位业余无线电爱好者。在他的指导下，孟昭英、袁家骝、冯秉铨[19]、毕德显等几位同学一起创办了校园里的第一个业余无线电台，并动手制作了一台无线电发报机。

[18] 班威廉（Band William，1906 年—1993 年），1929 年在燕京大学任教，1942 年春至 1943 年夏在晋察冀无线电高级训练班任教。

[19] 冯秉铨（1910 年 11 月—1980 年 3 月），河北省安新县人，著名电子学家、教育家，是新中国无线电电子学科的奠基者之一。他所提出的强力振荡器相角补偿理论获得国内外的一致肯定，他采用抑制脉宽调幅发射机残波辐射法以及射频削波法有效地解决了我国边远地区广播覆盖面积有限和抗干扰能力差的问题。

◄ 1932 年，毕德显在燕京大学与班威廉教授合影（左起班威廉、毕德显、徐元贵、袁家骝）

1937 年"七七事变"后，他们常常利用这个无线电台秘密收听国外和后方的广播，并在师生中相传。他们曾秘密组装了几台无线电收发报机，打算偷运到抗日根据地晋察冀边区，但由于当时中国共产党的地下组织遭到破坏而没有成功。

班威廉不仅学识渊博，而且极富同情心和正义感。他积极支持中国人民的抗日战争，曾多次深入解放区，给通信部队上课，教授收发报技术。

抗战胜利前夕，叶剑英在延安对中外记者参观团的谈话中曾这样讲过："加拿大的白求恩大夫、印度的柯棣华大夫、美国的马海德大夫、苏联的珂洛大夫、英国的班威廉教授，他们对我军的帮助是很大的。"

青年学子毕德显从导师班威廉那里得到的帮助自然更大。1934年，在班威廉的指导下，他研究生毕业，继续留校任教。1935年，经班威廉推荐，他成了中国物理学会最年轻的会员。

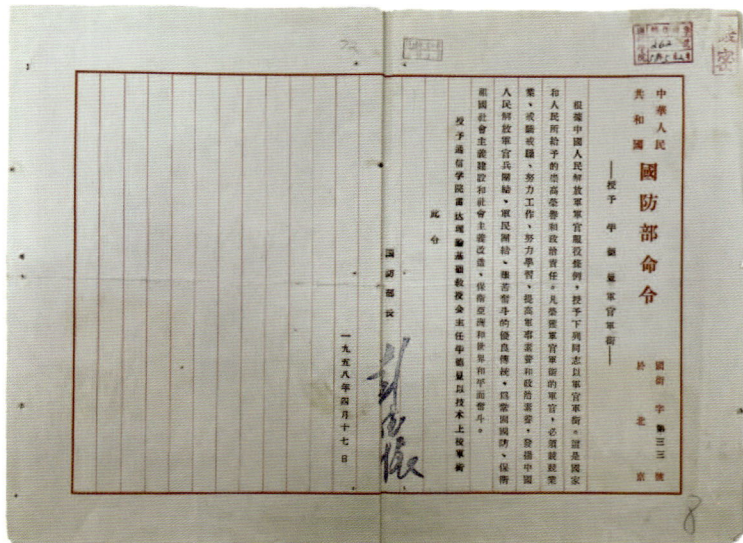

▶ 国防部授予毕德显军衔的命令

68

02 海外留学　科研报国

1937 年"七七事变"后，日本全面进犯中国，北平沦陷了。不愿留下来当亡国奴的毕德显回到了山东。他此时的家在城武县——父亲调任该县邮电局局长，举家迁到任所。家庭成员除父母、弟弟一家外，还有自己的妻子和儿子。

毕德显是 1926 年，即上大学之前结婚的。这一年，他给了父母两个承诺。

一桩老式婚姻使一位叫张乐仁的姑娘成了他的新娘。早婚那一年他才 18 岁，新娘是位没进过学堂的邻村大户人家的女子，裹着三寸金莲。1931 年，他们有了儿子，取名毕于祯。毕德显给了父母第一个承诺：担负起为夫、为父的责任。

父亲的薪俸有限，祖父传给父亲的不过百余亩地产，虽算不得穷人，却无力供毕德显和弟弟同时读大学。于是父亲给他们兄弟俩约定在先：哪个读书好，就供哪个上大学；上了大学的，将来要帮助另一个。于是，毕德显给了父母第二个承诺：担负起为兄的责任。

毕德显是个一诺千金的人。上大学、读研究生期间，成绩拔尖、聪颖过人的毕德显有不少追求者，可他举起了已婚的挡箭牌。有的同学说他古板守旧，劝他了结那不般配的婚姻，他总是笑着摇摇头。加上他的仁厚、诚信，"毕圣人"的外号渐渐在同窗中传开了。10 年过去了，留校工作后，毕德显就挑起了为包括弟弟一家在内的一大家子养家糊口的部分责任，与自己的妻子也恩爱有加。此时，虽是为避战乱而归，却也全家团聚、其乐融融；上孝顺父母，下有绕膝娇儿；兄弟和睦，夫妻相敬。

世事无常，人生无常。1938 年 4 月，其母病故，毕德显含泪护送母亲的灵柩回平阴老家安葬。1939 年初，他辗转回到燕京大学，发现此时的北平已经没有一张安静的课桌了。为了躲避战乱，清华大学、燕京大学和南开大学等已被迫迁到昆明，合为西南联大。毕德显的燕京好友孟昭英当时已从清华大学搬迁到那里的无线电研究所工作。经孟昭英介绍，毕德显决定去昆明工作。

▶ 毕德显与家人合影

　　他先从天津乘船去香港。船到码头，天正下着大雨，孟昭英专程赶到香港维多利亚港口接他。其时，在香港，虽高楼大厦鳞次栉比，霓虹灯闪烁出灯红酒绿的气象，可码头上的华人劳工却面黄肌瘦，沦为洋人的苦力。耀武扬威的英国警察用鄙视的目光监视着每一个过往的华人。眼前的这一切，像鞭子一样抽打着两个年轻人的心。

　　他们默默无言地走着，民族的强盛与衰败、光荣与耻辱、悲壮与痛苦，都写在了香港看似平静的港湾上。毕德显和孟昭英都是热血青年，他们握紧双拳，心头涌起一种受驱策、被召唤的冲动。

　　再换乘货轮，经过四天的航行，他们到达越南的海防港。从海防出发经过河内，再转道老挝进入云南境内。当时的战乱国情、交通状况使他们不得不绕道而行，几经辗转，好不容易才到了昆明。

　　当时，昆明的生活非常艰苦。为了躲避敌人飞机的狂轰滥炸，师生们经常要躲进防空洞避难。他们所在的无线电研究所位于市区的财盛巷，有两栋房子，条件比较简陋，但实验室、资料室一应俱全。所长任之恭[20]博士还兼任西南联大的物理学和电机工程教授，他的主要研究领域是无线电和微波物理学。在当时极端困难的条件下，他带领研究所的同事们成功研制了中国第一个电子管，承担着包括军用无线电通信器、军用秘密通话器、航空用无线电定向器等为军事服务的科研项目。

　　毕德显一报到，便加入任之恭先生与空军航校合作的"利用中波广播电台导航飞机"项目的研究之中。

　　然而，在战乱中坚持科研，可谓困难重重。一次，毕德显正在为任之恭演示一组实验，外面又传来了尖厉、刺耳的警报

▲ 任之恭

[20] 任之恭（1906年10月—1995年11月），山西省沁源县人，美籍华裔物理学家，中国现代电子学奠基人。曾先后在美国哈佛大学、山东大学、北京清华大学、西南联合大学、约翰·霍普金斯大学等担任教职并进行实验研究工作。

声，两个人连忙随着人群跑进了防空洞。

防空洞里挤满了避难的人，人声嘈杂，空气混浊，毕德显被挤到了一个角落。让他吃惊的是，这里竟然有十几个西南联大的学生在看书！炸弹落在近处，震得防空洞头顶上的土罅里啪啦往下落，学生们却无动于衷，把落在书上的土抖一抖，又继续看起来。在他们旁边，五六个学生正围着一位戴着眼镜的先生，饶有兴趣地听先生讲着什么。

▶ 1940 年 10 月 13 日，国立西南联合大学新校舍被炸毁

"假若我是船长，船有 3 丈宽、6 丈长，坐了 50 人，载了 50 斤货……请问，船长有多大年纪？"

学生们一边认真地在本子上记，一边急切地思索着。

"27！"只见先生身旁一个 10 岁上下、扎着冲天辫的小姑娘大声答道。

"你怎么知道的？"先生爱怜地拍了拍姑娘的小脑袋。

"哎，爸爸，你不是说你是船长吗？"小姑娘挺了挺小脖子，理直气壮地答道。

"噢，让你蒙对了！"先生听了，不禁大笑起来，大家也都被小姑娘的机智逗乐了。

"好啊，华教授，你把'直接法'的课堂搬到防空洞里来啦！"不知什么时候，任之恭先生也挤了过来，见到刚才的情景，忙上前与戴眼镜的先生打招呼。

经任之恭介绍，毕德显才知道，眼前这位高高瘦瘦的眼镜

先生原来就是大名鼎鼎的华罗庚[21]教授。答题的小姑娘是他的大女儿华顺。刚才华罗庚教授讲授的正是数学中的"直接法"。所谓直接法，通俗地讲，就是把不相干的东西一下子就排除掉，而只抓住事物本质的一种演算方法。

[21] 华 罗 庚（1910 年 11 月—1985 年 6 月），世界著名数学家，中国解析数论、矩阵几何学、典型群、自守函数论等多方面研究的创始人和开拓者。

◀ 华罗庚与家人

毕德显兴致勃勃地听着任先生的介绍，不禁对眼前这位比自己还小两岁的数学教授肃然起敬。

后来，毕德显又多次拜访华罗庚教授，向他请教了一些物理学中的数学问题。一次，毕德显又去拜访华罗庚时，正赶上《东南日报》的一名记者在采访华罗庚。在谈到留学英国的感受时，华罗庚兴致勃勃地说，他发现，许多搞实用科学的人，最后往往转到数学中来，因为许多不能解决的问题，只有在数学中才能找到答案。他又举例说，英国一所约有3000名学生的大学就有300多人学数学，这说明，国外对实用科学和理论科学都很重视。

华罗庚的教学方法和教学理念给了毕德显很多启示。在后来几十年的教学生涯中，他很好地借鉴了华罗庚的这些教

▲ 毕德显

学思想。

在昆明，无线电研究所和西南联大的近百名教授薪金低得可怜。刚开始大家还可以勉强吃饱饭，时间一久，连最基本的粮、油等供应也日趋紧张。"教授教授，越教越瘦"便是他们当年生活的真实写照。一次，毕德显和孟昭英陪任之恭先生去西南联大上课，刚上街，后面就跟了一串要饭的。实在逃不脱，风趣、幽默的孟昭英急中生智，转身"亮相"："我们是教授！"这一招果然管用，要饭的一听，立时散去，因为就连乞丐也知道，教授是没钱的主儿。

还有一次，他们两个人到商店购买仪器，正好路过一家餐馆，实在抵挡不住美味的诱惑，决定进去奢侈一次。等两份黑乎乎的牛排端上来后，孟昭英看了看牛排，又看了看毕德显，忽然说："我这块小，你那块大。"

"不会吧？"

"不信你仔细看，你这块是方形，而我这块只能算作不规则的椭圆形。"孟昭英扶了扶眼镜，盯着两块牛排煞有介事地说。

"好啦，好啦，你的意思我明白了。"毕德显被好友的滑稽相逗得大笑不止，悄然把两个盘子对调过来。

"德显，滴水之恩，当涌泉相报。等抗战胜利了，我要做的第一件事就是请你到北京最有名的西餐厅去大吃一顿！"好友如是说。

战火越烧越旺，昆明城里城外一片混乱。敌机的狂轰滥炸加上经费紧张，使研究所的工作实在难以为继，毕德显已经无法专注于自己的研究了。一天，在又一次空袭过后，望着被震得七零八落的实验仪器，毕德显忧虑地对任之恭说："难道科学与政治真的不能分开吗？"

任之恭沉默半晌，缓缓地说："科学与政治实在无法分开，但中国的科学研究者，只有从战乱、动乱的政治泥沼中挣扎出来，才能有所作为。这是中国科学研究者最大的苦闷啊！"

停了一会儿，他严肃地说："德显，如果有一天，我们的梦想真的实现了，中国真正开始和平建设了，我想科学绝不会是次要的问题，我们决不能等到需要科学的时候，再开始研究科学！"

谈到科学研究，任之恭说："我上次出国访问，发现美国原子弹中的炭精已经可以提炼到 99.96%，即使中国知道了方法，有了所有的材料，也没有条件去制造。"他越说越激动，烦躁地站起来，又颓废地坐下。忽然，他热切地说："德显，你应该出国去！"

"出国？"

"对！到美国留学去！现在时局如此混乱，你留在这儿，只是增加了一个普通劳动力而已。我们国家不缺人力，缺的就是人才！"

▲ 冯秉铨、高兆兰夫妇合影

1940 年春，在任之恭的帮助下，毕德显成功申请到了"中华文化基金会"的留美助学金。那一年获此项助学金留美的，全国共有 5 人，其中，物理专业只有毕德显和冯秉铨俩人。

昆明，来也战火，去也战火。战火逼出了赴美留学的动议。

1940 年 7 月，经过十几天的海上颠簸，毕德显乘坐的"皮尔斯总统号"终于横渡太平洋，在美国加利福尼亚州旧金山市靠上了码头，与他同船的有燕京大学的老同学冯秉铨及其女友高兆兰。漫长的旅途没能完全甩开毕德显心中的离愁，踏上美国西海岸的好奇心也难以化解他的别绪，可一抬头却使他兴奋不已：多年不见的好友袁家骝正挥着帽子向他们招手呢！

原来，袁家骝已于 4 年前到了美国，先在旧金山附近的伯克利大学，一年后转到了洛杉矶附近的加州理工学院，其时已留校做研究工作，是特意从洛杉矶赶来的。

好友相聚分外高兴，一阵寒暄后，大家才发现袁家骝的身边还站着一位身着旗袍，文静、高雅的年轻女士。

"家骝，这位是……"

"看我，光顾着高兴了。来，我来给你们介绍，这是我的女朋友吴健雄[22]。"说着他转身看着身旁那位女士道："健雄，这就是我常向你提到的我最要好的朋友毕德显。"接着介绍了冯秉铨他们。

第二天，冯秉铨他们去了东部的哈佛大学。送走他们后，吴健雄带毕德显参观了风景优美的伯克利大学校园。此时吴健雄正在伯克利做研究。让毕德显吃惊的是，伯克利的物理系竟然有那么多实验室，而且规模庞大，设施齐全。更让他吃惊的是，无论他问什么，吴健雄这位"导游"都能给予恰到好处的解答。

"这是放射性实验室"，吴健雄指着物理系的康特馆说，"是由大名鼎鼎的劳伦斯[23]教授一手创建的。"

[22] 吴健雄（1912 年 5 月—1997 年 2 月），女，原籍江苏太仓，美籍华人，核物理学家，在 β 衰变研究领域具有世界性的贡献，被誉为"东方居里夫人""核物理女王""物理学第一夫人"。吴健雄是美国物理学会历史上第一位女性会长，曾参与过曼哈顿计划，是世界最杰出的实验物理学家之一。

[23] 欧内斯特·劳伦斯（Ernest Orlando Lawrence，1901 年 8 月—1958 年 8 月），美国著名物理学家、1939 年诺贝尔物理学奖得主，加利福尼亚大学伯克利分校物理学教授。

"劳伦斯？就是发明回旋加速器的劳伦斯？"毕德显瞪大了眼睛，"怎么，他在伯克利？"

"是啊！这实验室里就有一台 37 英寸的回旋加速器，劳伦斯天天在里面工作个不停。你知道劳伦斯有多大年纪？才35 岁！噢，对了，除了劳伦斯，这里还有一位奥本海默[24]！"

毕德显已非初出茅庐，却惊讶得说不出话来，或者说，正因为已是物理学王国里的战将，所以他才知道敬畏。

吴健雄接着说："天知道他怎么会有那么杰出的物理才能！奥本海默和劳伦斯同年。"毕德显无限景仰地说："即使只有这两个人，也足以保证伯克利大学物理系的一流地位了。"

两天后，毕德显来到斯坦福大学，见到了导师弗雷德·特尔曼[25]（F. E. Terman）。特尔曼教授是斯坦福大学工学院院长、著名物理学家，当时正在编写《无线电工程师手册》，毕德显便加入其中，帮忙整理一些资料并撰写了部分章节。特尔曼在这本书的序言中特别提到了毕德显，高度赞扬他严谨、细致的工作作风。

经过一年的紧张学习，1941 年暑期，毕德显顺利取得了斯坦福大学电机系硕士学位。

正当毕德显准备跟随导师继续攻读博士学位时，特尔曼忽然要离开斯坦福一段时间。临行前，他把自己的一个笔记本交给了这位他很喜爱的中国学子。两个人还就其中一些有争议的问题进行了推导和论证。看到导师的笔记本上写满了备课时准备、讲课后又添加的内容，毕德显不禁为导师这种仔细认真、一丝不苟的教学作风所感动。

通过一年的耳濡目染，毕德显以自己在不断向物理学巅峰攀登的过程中积淀起来的功底、灵气和悟性，领略了特尔曼善于抓住物理现象本质的风格。这是特尔曼对毕德显最重要的影

[24] 尤利乌斯·罗伯特·奥本海默（Julius Robert Oppenheimer，1904 年 4 月 —1967 年 2 月），男，著名美籍犹太裔物理学家、曼哈顿计划的领导者、美国加州大学伯克利分校物理学教授。

[25] 弗雷德·特尔曼（Frederick Emmons Terman）（1900 年 6 月—1982 年 12 月），美国斯坦福大学前校长，硅谷创业的元老级人物，被誉为"硅谷之父"。

▲ 特尔曼（F. E. Terman）

响。特尔曼讲课明白易懂，推理简洁明快，解决问题总是单刀直入，切中要害。这除了精心准备、反复推敲外，主要就在于他的风格是简洁明快的，不搞烦琐哲学。

特尔曼对毕德显的第二个重要影响，就是要有广泛的兴趣、扎实的基础。毕德显看到，特尔曼在物理学的各个不同领域都有广泛的兴趣，深入钻研，根基扎实，所以能不时迸发出触类旁通的创造性思想火花。

当毕德显就自己的博士生研究方向向特尔曼征求意见时，他毫不犹豫地说："毕，去加州理工学院，找密立根[26]教授吧!

"他是我的好朋友，我可以为你推荐。密立根因测量出电子的带电荷而获得诺贝尔奖，在电子学界，我最欣赏密立根的风格。

"毕，你知道吗？一个科学家要有所建树，最重要的是要有自己的风格。也许有人会以为科学与艺术不同，科学是研究事实的，事实就是事实，哪来什么风格？要讲清这一点让我们拿物理学来作比喻吧。你知道，物理学的原理有它的结构。这个结构有它美和妙的地方。而每个物理学者对于这个结构的不同的美妙处有不同的感受。因为大家有不同的感受，所以每位有大成就的研究者都会发展自己独特的研究方法和研究方向，也就是说，会形成自己的风格。"

在特尔曼的推荐下，1941年暑假过后，毕德显踏进了位于美国西部洛杉矶的加州理工学院，攻读博士学位。这期间，他曾多次求教密立根教授。

正如特尔曼教授所说的，密立根教授果然是位个人风格非常鲜明的大科学家。他的科学思想非常活跃，见解很多，而且刚刚想到一个主意，就愿意与人讨论。然而，他的这些想法常常是不尽正确的。尽管如此，他从不怕丢面子，只要与他辩论的人指出他的不足或错误来，他总是乐于接受，而且立刻能往正确的方向前进。在密立根看来，在学术上有那么多的思想、见解，纵然90%是错的，但能有10%是正确的，就很了不起了。

密立根特别注重培养学生的科学实验能力，他常说："物理学是一门实验科学。实验是理论的源泉、科学的根本。没有科学实验，也就没有科学理论。科学工作者必须重视实验，理论只有在实践的基础上才能获得发展，才能得到验证。"

在燕京大学学习时，由于谢玉铭先生对学生的实验能力要求非常严，毕德显从那时起就打下了良好的基础，所以在加州理工学院学习期间，他的这一优势很快显露出来。密立根从不讳言对毕德显的赞赏之情。他常常在毕德显的论文上他认为精彩的地方用红笔画上标记，并赫然写上"TRY！"，鼓励毕德显就这一点去大胆假设，小心求证。

▶ 毕德显与导师全家合影

对在自己成长过程中遇到的几位恩师，毕德显一直是敬爱有加、心存感激的。在他看来，谢玉铭、特尔曼和密立根都是20世纪著名的科学家，他们的学术风格虽不尽相同，但他们热爱科学、竭诚奉献的精神却是共同的。

毕德显在博士生阶段研究的重点是高强度质谱仪镁离子源。质谱仪现今仍是科学研究中的重要手段之一。第一台质谱仪是1935年由阿尔弗莱德·尼尔（A. O. C. Nier）[27]研制成功的。20世纪40年代和50年代初是高灵敏度质谱仪发展的最重要阶段，毕德显的该项研究是当时的代表性、前沿性工作之一。

质谱仪主要分为离子源、磁分析器和接收极三部分。毕德显的研究是对离子源部分进行改进和重新设计。他改了离子源的内部结构，设计和制作了新型氧化物阴极以及实验操作步骤，设计并改进了静电透镜系统，使透镜将离子束聚焦成一个小点，最终在接收极上获得了120 μA的离子电流，取得了具有较高分辨率的镁的同位素峰。

2001年11月，南京大学现代分析中心主任杨杰东教授在认真阅读了毕德显60年前的博士论文后认为：毕德显当时的研究成果超过了同时期大名鼎鼎的J. Evvard，在那一时期，对于质谱的改进和发展起到了重要的推进作用。难怪当年毕德显的实验论文《高强度质谱仪镁离子源》在博士生毕业论文评选中获得了金奖。1944年暑假，他获得了物理哲学博士学位。

[27] 阿尔弗莱德·尼尔（A. O. C. Nier，1911年—1994年），美国物理学家，被称为"现代质谱之父"。他大大改进了阿斯顿的质谱仪，并用它精确地测定出方铅矿铀235和铀238的相对比例，同时还证明了阿斯顿发现的最后一种同位素——铅204。

▲ 美国加州理工学院物理实验室前合影（左起：孟昭英、毕德显、傅承义）

03 情系旧邦　赤子之情

毕德显到达加州时，袁家骝已是那里的研究员了。此时，他正着手研究波长约 5 米的超短波空间定位问题。没过多久，中国科技发展史上多位大师级人物钱学森、钱伟长、卢嘉锡、林家翘、孟昭英等也陆续来到加州理工学院，中国留学生宿舍一下子热闹了很多。

1942 年 5 月 30 日，袁家骝和吴健雄结婚。婚礼是在院长密立根的家里举行的，主人自然是他们的主婚人。

婚礼简单而隆重，正是吴健雄和袁家骝所希望的。婚礼之后，密立根太太特别为他们在大宅的花园里举行了一场婚礼晚餐宴会。参加宴会的还有密立根的好朋友万斯先生。他与袁家骝夫妇并不熟稔，但被眼前这群来自东方的年轻人的热情和才气所感染，当即提出，他在洛杉矶南边的一个叫拉姑纳海滩（La Guana Beach）的海滨有一套空置的别墅，可以提供给他们度蜜月。

▶ 袁家骝与夫人吴健雄

[28] 张捷迁（1908 年 7 月—2004 年 7 月），生于北京市，幼年迁至吉林省辽源市，著名科学家、教育家和社会活动家。

由于这套空置的别墅很大，他们两个人可能会孤独，因此另找了两个人和他们同去。和他们同去度蜜月的两个人，一个是和袁家骝同往的张捷迁 [28]，另一个是袁家骝在燕京大学的好友毕德显。起初这两个人拒绝前往，但是经不起他们一再"游说"，只好勉强同意了。就这样，在袁家骝的那辆"老爷车"里，吴、袁二人坐在前座，张捷迁和毕德显两个被逼来的"灯泡"则坐在后座。

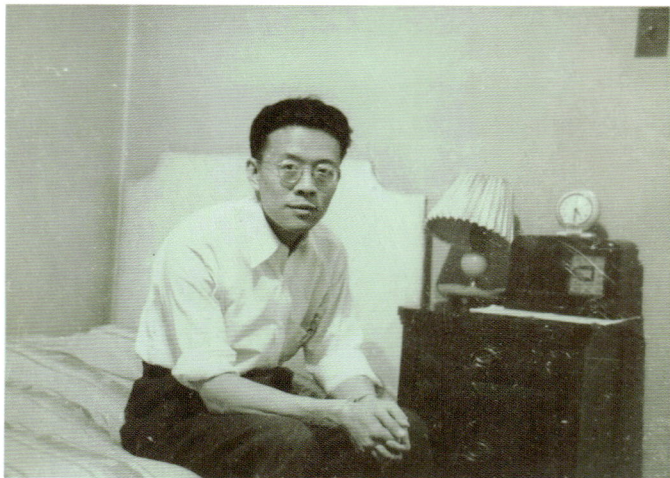

　　老爷车在美丽的西海岸慢慢地行驶着，空气中弥漫着大海的气息，也弥漫着这群中国留学生的快乐。大概开了一个多小时，才到达拉姑纳海滩。四人在海边的一个礼拜过得很是尽兴。

　　蜜月旅行后，吴健雄回到东海岸的史密思学院教书，他们的新房则成了大家共同的"家"。每到周末，大家便会不约而同地聚在"家"里，像主人一样买菜烧饭，改善生活。起初是每个人做两个最拿手的家乡菜，然后大家边吃边打分，结果每次都是吴健雄的馄饨、狮子头和毕德显的红烧肉得票最多。时间一长，做饭的重任便自然而然地落到了这两个人身上，不会做饭的卢嘉锡则承担了饭后洗碗等收拾残局的任务。

　　每次在这个"家"里团圆，大家便会想起、谈起"不团圆"。此时，太平洋战争已经爆发，国内时局一片混乱。每个年轻人的心中无时无刻不在惦念着祖国,惦念着远隔千山万水的亲人。每当中国传统节日到来时，思乡之情就更加浓烈。

◀ 1990 年，毕德显与吴健雄、袁家骝夫妇在南京合影

这是 1944 年的中秋之夜，皓月当空，秋虫唧唧，阵阵凉风传来花草的清香。十几个年轻人又聚到了一起。他们中除了袁家骝夫妇、钱学森夫妇、钱伟长、毕德显、周培源、卢嘉锡外，还有两个新成员：袁家骝夫妇的好朋友、专程从普林斯顿赶来的贝聿铭夫妇。

大家围坐在一个大圆桌旁。桌上摆着一盆鲜花，还放着月饼、糖果、香梨和葡萄酒。月儿特别亮，特别圆。不知是谁起的头，大家吟起李白的《静夜思》，于是，小屋里传出了不同乡音的多重朗诵：

床前明月光，疑是地上霜。

举头望明月，低头思故乡。

短短 20 个字引发了多少思乡情、游子意。一时间，大家都沉浸在神游故国的思绪中。毕德显为大家演奏了二胡独奏曲《长城谣》。随着低缓的旋律，游子们的心飞过了浩渺的大洋，回到了久别的故乡。

　　思乡情最切的，要数毕德显。此时，他的心早已飞回了济南。就在他赴美留学这一年，父亲退休了，举家定居于济南。且不说他常常为在日军的铁蹄下苦熬岁月的亲人们担惊受怕，几个月收不到家书更是心神不定，就是全家的生计，随着货币贬值、物价暴涨态势的加剧，也捉襟见肘，妻子不得不做些手工补贴家用。中秋节之前，他给家里寄回了自己博士毕业后进入加州理工学院火箭研究理论组工作拿到的第一笔工资，也不知家里收到了没有？

　　赴美前一年，妻子生下了他们的女儿，此时该是 5 岁了。女儿记事以来，还没有见过爸爸呢，她可知道爸爸想他们娘儿仨吗？想到这里，他把更多的思念融进胡琴声中，眼前似乎出现了鬓发斑白的父亲、与妻子一起遥祝自己节日快乐的一双儿女……月是故乡明，他们也一定在望着明月，思念远方的亲人，祈盼着他早日回归故里，与家人团圆吧？不记得是哪位中国名人说过："中国人亘古以来就盼着要回归故里，凡有思乡的地方，就有中国人。"这些聚集在异国他乡的游子，又怎么能不心中酸楚、热泪盈盈呢？

▶ 1984 年，吴健雄、袁家骝专程来南京看望毕德显教授（前排左起：吴健雄、崔伦、孙俊人，后排左起：陈太一、林德暄、孟昭英、毕德显）

"毕圣人，想让大家陪你一起哭鼻子呀？"一位燕京大学时的老同学打趣说。

机敏的吴健雄察觉到气氛太沉闷了，忙擦了擦眼泪，站起来给大家分月饼。

"来，大家快尝尝月饼吧，酥皮的、果酱的、甜的、咸的都有，这可是德显专程到洛杉矶的中国店里选购的呀！"

毕德显也赶忙说："对对，大家吃月饼，尝尝味道怎么样。"

吃起月饼来，气氛好多了，人们的话题也多了起来。

"家骝，你们两口子是不是光顾搞研究了，这房子怎么也不好好装修一下？"贝聿铭一边吃着月饼，一边环视着屋里的陈设。

"花那个工夫干什么，本来我们也没打算长期住下去，我们是时刻准备着，只要条件一成熟，立刻回国去。"袁家骝随口答道。

正在这时，传来一阵敲门声，门开了，走进来一位戴眼镜的中年男子。

"胡先生！"袁家骝夫妇惊喜地奔上前，与他握手。来人是当时中国驻美大使胡适[29]。胡适是吴健雄夫妇多年的至交，感情甚笃。大家纷纷上前与胡先生握手问候。

当得知大家准备放下学业回国效力时，胡适恳切地说："诸位都是热血男儿，但大家是否认真想过，作为留学生，你们为国效力的方式可以更多一些？你们中有学核物理的，有学化学的，有研究火箭的，这些都是国家急需的，你们一定要先好好完成学业。等完成了学业，学到了本领，国家最需要的还是你们！"

胡适的话使大家冷静下来，每个人都觉得心里沉甸甸的，

[29] 胡适（1891年12月—1962年2月），曾用名嗣穈，学名洪骍，后改名适，字适之。籍贯安徽省绩溪县，生于江苏省松江府川沙县（今上海市浦东新区）。中国现代思想家、文学家、哲学家。

都感受到自己肩上担子的分量。

　　高水平的博士论文和导师的赞赏，为毕德显立身美国从事尖端科技研究的实验室和一流大公司取得了过硬的通行证。

　　毕业后，导师密立根教授介绍他进加州理工学院的火箭研究组工作。在那里，毕德显与钱学森共事过一段时间。

　　1945 年年初，毕德显和袁家骝一起到位于新泽西州的美国无线电公司（RCA 公司）[30] 担任工程师，负责新产品的试制和开发。RCA 公司是一家著名的大企业，凡是了解RCA 公司在美国战时的重要地位，了解其对亚裔科学家的偏见和歧视的人，就会明白毕德显能在 RCA 公司站住脚跟意味着什么。

[30] 美国无线电公司〔Radio Corporation of America，简称RCA公司〕，成立于 1919 年，由美国联邦政府创建。曾是世界上最大的电子产品制造商之一。

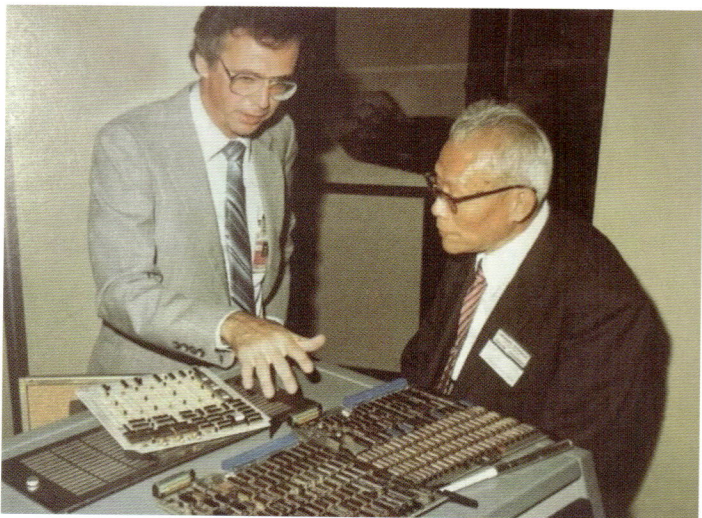

▶ 1984 年，毕德显在美国 AT&T 公司考察

　　在 RCA 公司，他在专业方面大有拓展，但在认识中美科技差距的同时，他真切地感受到了美国对外严格保密的技术垄断，寄人篱下的压迫感反弹出的是强我中华的内力。

　　1946 年夏，正当毕德显准备回国时，他在西南联大认识的赵忠尧[31] 教授忽然找上门来。后来成了新中国核物理研究

[31] 赵忠尧（1902 年 6 月—1998 年 5 月），浙江诸暨人，物理学家，中国核物理研究和加速器建造事业的开拓者。

元勋之一的赵忠尧提出，请毕德显在美国再逗留一段时间，与他一起解决一个开展核物理研究的大难题。赵忠尧是第一个亲眼看到核爆炸的中国物理学家。

◀ 1978 年，中国电子学界三位一级教授在大连合影（左起毕德显、孟昭英、冯秉铨）

原来，事情是这样的。1946 年 6 月 30 日，美国在太平洋的比基尼岛又爆炸了一颗原子弹。距该岛 25 千米远的"潘敏娜"号驱逐舰上有应美国政府之邀前来"观战"的英、法、苏、中 4 个同盟国的代表，其中那位黑头发、黄皮肤的中国代表就是物理学家赵忠尧。他一面仔细观看冉冉升起的蘑菇云，一面将目测现场算出的数据默默牢记在自己的脑海中。这次演习完毕，代表们回到美国，当美国国防部代表在机场欢送盟国参观团回国时，他们发现那个黑头发的中国代表"失踪"了。这是怎么回事？原来赵忠尧此次出国负有重任：中央研究院总干事、物理学家萨本栋[32]筹措 5 万美元托赵忠尧在参观完毕后买回一些研究核物理用的器材。

开展核物理研究，至少需要一台加速器。而当时订购一台200 万电子伏的静电加速器要 40 万美金以上。杯水车薪，怎么办？他想到了在西南联大首次设计制造加速器时的合作伙伴

[32] 萨本栋（1902 年 7月—1949 年 1 月），字亚栋，蒙古族，出生于福建省闽侯县，物理学家、电机工程专家、教育家，中央研究院第一届院士，国立厦门大学（今厦门大学）第一任校长。

毕德显。

▶ 1980 年，毕德显与著名科学家赵忠尧在北京合影

　　赵忠尧说明来意，毕德显记忆的闸门立即打开了。清华大学撤离北平去昆明时，赵忠尧一路上精心保护着50毫克镭，在师生中传为佳话。在西南联大时期，赵忠尧就用这50毫克镭开展人工中子放射性元素实验。由于战时环境的限制，许多物理实验无法开展，为了给学生们创造实验条件，他经常跑到毕德显所在研究所的实验室"淘金"。赵先生这种对事业孜孜以求的精神，给毕德显留下了很深的印象。更让毕德显难以忘怀的是，为了建一台小型加速器，他曾和毕德显一起发动学生冒着敌机轰炸、扫射的危险，在昆明市的大街小巷收购破铜烂铁。7年前没圆的梦——为中国核物理研究的起步自己设计、制造一台加速器，如果今天能在美国实现，那该有多好啊！

　　毕德显太想圆那个梦了，博士毕业后在美国的两年"打工"生涯，使他对中美在核物理研究方面的差距有了刻骨铭心的感受。

　　与赵忠尧再度合作，借助美国的元器件为祖国设计、制造一台静电加速器的赤子之情，终于战胜了如箭的归心，毕德显欣然答应了。5 万美金不可能购买任何完整的设备，但可以把这笔钱花到刀刃上，用来购买国内难以买到的部件和其他少量的核物理器材，自行设计制造一台加速器。

　　这是条费时费力的路子，可毕德显觉得自己已经是在为国家效力了。虽然牵肠挂肚的归国省亲"道是有期却无期"了，但在举足轻重的高难度课题上"走钢丝"，他心里充满了喜悦，他相信赵忠尧的能力，也相信自己的能力。

　　按照这个计划，他们首先在麻省理工学院电机系静电加速器实验室学习静电加速器发电部分和加速器的制造，半年后，又去华盛顿卡内基地磁研究所访问，重点学习离子源技术。

　　经过整整一年甘苦备尝的攻关夺隘，1947 年 9 月，赵忠尧和毕德显用为国效力的强烈愿望催生了中国核物理史上第一台由炎黄子孙自己设计、自己制造的加速器。他们两个人还共同完成了一篇颇有学术价值的实验论文《伴随 P^{32} 的 β 射线的带正电粒子》，发表在美国的专业杂志上。

这台倾注了两位中国年轻科学家赤子之情的加速器，于1950年11月被辗转运回国内，成了中国科学院核物理研究所核物理实验室的"元老"，为新中国的核物理研究立下了汗马功劳。对这一段鲜为人知的历史，毕德显从未向他人提起过，可中国的核事业应该重重记下这一笔。

▶ 赵忠尧捐赠的加速器

1992年，赵忠尧在其出版的《我的科研生涯》中是这样描述的："当时，毕德显先生正准备回国，我挽留他多待半年，一起继续静电加速器的设计，并采购电子器件及其他零星器材。毕德显先生为人极为忠厚，工作踏实，又有电子技术方面的实践经验，对加速器的设计工作起了很大作用。"

[本文摘自杨学生、卫亚伟、余光烈主编的《毕德显》，第3-42页，有改动]

毕德显教授在建院35周年庆祝大会上的讲话

▲ 毕德显教授在西北电讯工程学院（今西安电子科技大学）建院35周年庆祝大会上的讲话

西北电讯工程学院的全体同志：

今天，在西北电讯工程学院建院三十五周年这个喜庆的日子里，首先请允许我代表来院参加这次校庆活动的全体同志，向你们表示热烈的祝贺！

西北电讯工程学院在院党委的领导下，经过全院同志多年的努力，目前已办成了一所具有相当规模、具有自己特色的电子科学技术方面的重点院校。学院最先在我国创办了许多新的专业，为全国和我军通信部队培养了大批又红又专的电子科学技术人才，培养了大批高等学校教师，还为全军通信部队训练了一大批高、中级指挥干部。

西北电讯工程学院除在培养人才上取得上述成绩以外，还极其重视科学研究工作，研制了许多关键的设备，发表了许多高水平的论文。

最近几年尤其是党的十一届三中全会以来，学院积极响应党中央的号召，贯彻落实党对知识分子的一系列政策，把许多有真才实学的中青年干部选拔到各级领导岗位。同志们思想解放，专业调整的步子迈得大，并且为适应科学技术发展的需要，按学科划分了专业。

同志们，我们大都是在过去不同时期在这个学院工作、生活和战斗过的老同志，对学院有着深厚的感情。因此，对学院的进步，对大家取得的成绩，我们心里感到格外亲切和高兴。同时，我们也衷心祝愿西北电讯工程学院今后培养出更多的电子科学技术人才，为四化建设做出更大贡献。让我们在党中央的领导下，为了我们的共同事业，互相支持，携手共同前进吧！

毕德显：雷达工程教育的奠基人

首创中国的雷达工程专业

1949 年初，毕德显担任大连大学电信系主任。为了加强我国的国防建设，根据上级决定，他担负起了创建雷达工程专业的重任，并把它作为电信系当时的主攻方向。毕德显主持了这一专业的课程设计工作，提出了该专业的基本教学要求和所要达到的目标。当时，雷达是一门新兴技术，相关资料和人才缺乏。为建设这一新专业，他写信聘请教员，自编自译教材，有的课还自己亲自讲授。毕德显最早组织编写出中国自己的雷达工程专业的主要教材，最早把自动控制技术、脉冲技术、微波技术和检测理论等编入雷达工程专业的教学课程中。毕德显1953年翻译出版的《天线》一书，是中国最早出版的一本天线专著，为我国天线的发展起了很大作用。大连大学电信系在新中国高等学校中第一个建立起了雷达工程系，并确定了培养雷达工程师的明确目标，毕德显是最初的设计师。对于该专业的"微波传输技术"及"雷达原理"等课程，当时熟悉的人不多，他就自己搜集资料、编写教材、为学员讲授。此外，在他的倡导下，通信工程学院自20世纪50年代开始就筹备建立了雷达军用机实验室。通过毕德显和其他人的共同努力，20世纪50年代初，新中国终于培养出了第一批雷达工程技术人员。这批人今天都已成为我国军队雷达工程方面的高级技术人才，许多人为发展我国雷达技术做出了突出贡献。

毕德显在发展我国军队雷达工程方面也做了许多引路工作。例如，1958年，他积极参与了学院承担的气象雷达和超远程雷达等的研制工作。在方案论证会上，他提出了将参量放大器作为接收机前端的设计思想，以提高雷达性能。在他的指导下，学院科研组顺利完成了这些研制工作。

1961年底，毕德显任中国人民解放军雷达工程学院副院长，之后他凭借自己丰富的办学经验，从教学计划到教学大纲，都亲自动手，并着手开设新的课程和专业，为培养高质量雷达工程技术人才呕心沥血。

由于毕德显在雷达技术方面的贡献，1962年他当选为中国电子学会雷达分会的首届副主任委员。

精心培育通信电子技术人才

毕德显在教育战线上辛勤耕耘了50多个春秋，尤其是在中华人民共和国成立后，他在国防通信电子教育战线上培养出了大批技术人才，为军队的通信现代化建设做出了重要贡献。

毕德显在教育工作中非常强调打好基础。他时常教育学生要重视基础理论课，学好基础理论课，努力使自己理论基础牢，知识面宽，适应性强。他在大连大学及后来的张家口通信工程学院初期就非常注重普通物理等基础课程的讲授，强调基本概念的掌握。他讲课很富有启发性，既传授了知识，又指出了研究方法。1980年，72岁的毕德显还亲自带领一个教学调查组深入教学第一线，听许多基础课教员讲课。他听物理课后在与讲课教员交换意见时强调："物理是基础，一定要教好。"当时学院正在开设一些新的专业，他说："搞新专业，就是要尽力把最基础的课程开出来。"电磁场理论课是工科大学电子学与通信类专业的一门重要理论基础课，毕德显从在大连大学电信系创建雷达工程专业时起，就十分注意设计并讲授好这门课。

毕德显在教育工作中非常重视高级技术人才的培养。他一贯主张重点高等学校要有研究生的培养制度。他能及时抓住时机，在中国人民解放军通信工程学院积极地进行各个专业的研究生培养工作。早在解放初期，他创建了雷达工程专业，成功地培养了一批在职的年轻教师。1956年，在党中央提出的"向科学进军"口号的鼓舞下，经上级批准，毕德显招收了第一批研究生，使中国人民解放军通信工程学院成为当时军队院校招收研究生较早的单位之一。但培养研究生的工作很快因反右派斗争中断了。1962年下半年，毕德显再次负责学院研究生的培养工作，为此他积极到地方高教部门和有关大学调查学习，从制订培养计划大纲到设置课程，直至向上级部门请示报告，他都亲自参加。经过近一年的准备，他于 1963 年 9 月和 1964 年 9 月招收了两期研究生，并成功地组织了教学训练。1965 年，由于"四清"运动，学院的研究生培养工作再次被迫中止。十一届三中全会以后，毕德显虽已年逾古稀，但他仍满腔热情，老当益壮，带领一批骨干教员，第三次开展了研究生的培养工作。在他的努力下，1979 年，中国人民解放军通信工程学院又招收了研究生。后来，他又积极参与筹划博士点建设，使学院培养高级通信电子技术人才的工作迈上了新的台阶。

毕德显在教育工作中还注重跟随世界电子高新技术的发展来培养人才。20 世纪 50 年代初，自动化技术在我国刚刚开始起步，他就组织人员编写了"自动控制原理"的教材，在学院开设了这门课，在我国最早把自动控制原理用于雷达装置。20 世纪 40 年代末，晶体管在国外问世后，他于 50 年代初就在学院开设了"半导体物理学"新课。1956 年电子计算机在我国刚开始进入研制，他就派人出去学习。50 年代初期，毕德显从国外杂志上看到几篇有关信息论的论文，他预见这门科学在未来通信和雷达中将有广阔的应用前景，于是他邀集几位理论基础扎实而又有进取心的教员组成研究班子，开始了对信息论的研究。不久他们就陆续取得了初步研究成果并在本院院报上发表了研究文章。20 世纪 50—60 年代，雷达信息论研究的前沿是雷达信号波形设计。

美国信息论专家 P. M. Woodward 提出了雷达分辨力的统一理论，即利用模糊函数描述雷达信号的分辨特性、模糊度、测量精度和杂波抑制等特性。毕德显针对当时我国雷达存在距离与速度模糊的问题，研究提出了利用编码技术来解决这一问题,并提出了几种编码方法。此后,为使更多的人涉足这一学科,他还开了信息论专题讲座,写了综合评述文章,并为雷达专业学生编写了"雷达信息论"选修课的教材。1965年,他在重庆倡导并主持举办了一期全国性的信息论学习班,为信息论理论在我国通信、雷达和其他电子技术领域的应用起到了推动和促进作用。70年代初期,国际卫星通信技术的发展引起了毕德显的密切关注。他搜集和翻译了许多这方面的资料,为教员开设了卫星通信讲座,详细介绍了英国"天网"卫星的情况,为通信工程学院后来开设卫星通信专业打下了基础。70年代末,为适应国防现代化建设和未来反侵略战争的需要,毕德显在中国人民解放军通信工程学院领导创建了我国军队院校第一个指挥自动化专业。这个专业的诞生标志着军队已开始将通信与计算机结合在一起,军事指挥工作开始具有运用计算机进行信息处理、数据管理和辅助决策的能力,使军事指挥、控制和信息处理开始向现代化水平迈进。

毕德显在教育工作中十分重视培养和爱护中青年教员。1973年,一批中年教员经过"文化大革命"浩劫,从"五七干校"回到学院重新执教。他考虑到他们这些年来业务荒疏,就要求他们抓紧时间学习。他给这些教员找来许多外文杂志,指定每人看两篇文章,并亲自为他们讲解。经过一段时间的努力,这批中年教员逐步补上和更新了正在发展的新技术的理论知识。1975年,毕德显在"文化大革命"之前带过的一位研究生,在北京参加卫星通信工程总体工作。一次,国外一位卫星通信专家来华讲学和座谈。这位学生对这位专家提出的FDMA(频分多址)非线性互调分析的理论产生了一些疑问,但是由于他当时刚接触卫星通信这项工作,心里没有底,于是他在千里之外给毕德显老师寄去了一封求教信。10天以后,他收到了毕德显老师寄来的航空挂号信。9页纸上写满了详尽的数学推导，既指出了国外专家的几处关键性错误，又提出了正确的分析方法。在一年时间里，这位学生收到毕德显老师写来的类似信件达8封之多。

解决国防通信建设中的难题

毕德显虽然长期工作在国防通信教育战线上，但对军队整体的通信建设非常关心，经常为部队通信排忧解难。

抗美援朝时期，中国人民志愿军在前线遇到了坑道通信的难题，上级要毕德显协助解决。坑道通信涉及地下电波的传播问题，而当时国际上对地下无线电波的研究和应用还没有取得突破性进展。毕德显接受任务后一方面认真总结战士们使用埋地天线的经验，另一方面查资料，搞演算，从理论上进行研究探讨。经过不懈努力，毕德显终于及时写出了一篇名为《坑道天线》的专论。这篇文章对坑道通信的电波传播方式，坑道天线的辐射机制、基本形式结构及如何架设等都做了描述，对"天线埋在地下能够实施通信联络"这一问题从理论上给出了答案，为抗美援朝时的野战通信联络贡献了一份力量。

1970年冬天，我国西南地区某机场要建一个雷达站，但附近有一条高压输电线，它可能会对雷达产生干扰。为此，必须事先计算出雷达机与高压输电线之间的最佳无干扰距离，以便确定高压输电线是否需要改道，或者怎样使改道距离最短，减少费用。机场雷达站人员带着这个问题到重庆通信工程技术学校请教。学校有关教员找不出解决办法。后来一位教员大胆地去请教当时还没有"解放"的毕德显。他听后不顾自己的艰难处境，立即查阅资料，只用了一个上午的时间就推导出公式，估算出了雷达机与高压线间的最佳无干扰距离，为国家节约了资金。毕德显还经常向上级提出一些对国防通信建设很有价值的建议。1978年初，毕德显向上级建议，积极组织力量开展军用光纤通信的研究。尽管当时有人认为军队使用光纤通信还是遥远的事情，但在他的关心下，中国人民解放军通信工程学院于20世纪80年代初就开始开展对光纤通信的研究与教学工作，刚开始招收了几届研究生，后来又扩大招收本科生，为军队的光纤通信建设不断输送人才。

70年代末期，在一次军队某项工程体制论证会上，毕德显向上级提出，军队指挥自动化工程应该根据我国实际情况从易到难来搞，要首先着眼于系统的基本功能的建立，而不能盲目模仿西方，把兴趣放在大屏幕显示等的实现上。这些年来，从军队指挥自动化建设已走过和正在走的路来看，他的这个建议是符合我国国情的，是完全正确的。

1981年，毕德显向总参通信部领导建议，通信技术装备的改造与发展应特别重视微处理机的研究与应用。他提出军队通信院校各专业都要开微机课。实践证明，他的这一建议又是非常正确的。

1983年，毕德显根据科学技术的迅速发展和未来反侵略战争的特点，向上级提出了"核战争条件下通信联络保障问题的建议"。他认为，我们应当高度重视对核战争条件下各种军事通信装备和电子设备抗毁性的研究，及早采取措施，防患于未然。

1988年底，毕德显虽然从领导岗位上退居二线，但他仍然十分关心军队通信建设和南京通信工程学院的全面建设。他多次告诫大家"现代化是买不来的，要靠我们自己干"。他还向学院领导建议，要重视学科建设，重视教员队伍建设，努力使南京通信工程学院为军队现代化建设贡献更大的力量。

毕德显把毕生的心血和智慧都献给了我国及人民军队的教育和通信现代化建设事业。他的功绩将永远激励着后人奋进。

毕德显大事年表

1923 年，就读于山东泰安萃英中学。

1927 年，就读于山东济南齐鲁大学物理系。

1930 年，转入燕京大学物理系，攻读学士学位。

1932 年，就读于燕京大学物理系，攻读硕士学位。

1940 年，就读于美国斯坦福大学电机工程系，攻读硕士学位。

1941 年，就读于美国加州理工学院物理系，攻读工学博士学位。

1947 年，任南京中央大学物理系教授。

1949 年，任大连大学电机系主任。

1952 年，任中国人民解放军通信工程学院系主任。

1959 年，当选第二届全国人民代表大会代表。

1961 年，任中国人民解放军雷达工程学院副院长。

1964 年，当选第三届全国人民代表大会代表。

1972 年，任重庆通信工程技术学校副校长。

1978 年，任中国人民解放军通信工程学院副院长。

1978 年，当选中国人民政治协商会议第五届全国委员会委员。

1980 年，当选中国科学院学部委员（院士）。

1983 年，荣获中国人民解放军总参谋部优秀共产党员，当选中国

人民政治协商会议第六届全国委员会委员。

院士当年亦青春

第四篇

陈太一院士
求学记

陈太一（1921年12月29日—2004年5月6日），男，江苏省宜兴县人，通信技术专家，中国工程院院士。我国信息论的创建者之一，著名通信技术专家、教育家。1952年任中国人民解放军通信工程学院（今西安电子科技大学）副教授；1958年任中国人民解放军通信兵学院（今西安电子科技大学）无线工程系副主任；1962年任中国人民解放军军事电信工程学院（今西安电子科技大学）教授；1997年当选为中国工程院院士。

　　陈太一是我国早期从事信息论研究和应用的专家之一，最早着手创办了信息论、无线电波传播和量子电子学等专业；同时，在国防通信、雷达、导航、电子对抗装备、激光通信、第一颗人造卫星及国防通信网建设等方面做了大量开创性的研究工作，为军队通信现代化建设做出了突出贡献；在国防通信技术的科研岗位上，直接参与并负责众多国防通信装备、系统规划、总体论证和开发工作。

　　陈太一为我军培养了一大批电子通信技术的高级人才，为我国军事通信技术的发展做出了重要贡献。

1921 年 12 月，陈太一出生于江苏省苏州市的书香世家。1927 年，他就读于宜兴履善小学。从 1933 年起，陈太一先后在省立常州中学和宜兴精一中学读书。1938 年，他考入省立苏州工业专门学校机械科，1940 年考入上海大同大学物理系，1941 年秋转入桂林广西大学数学物理系借读，1944 年毕业。同年冬，他入重庆的国立交通大学电信研究所读研究生，1946 年毕业，获硕士学位。

陈太一是我国早期从事信息论研究和应用的专家之一，为军队通信的现代化建设做出了突出贡献。

01 辗转三次 大学有为

▲ 省立苏州工业专门学校
老校门

[33] 省立苏州工业专门学
校，即江苏省立苏州工业
专门学校，今苏州市职业
大学。1923 年 9 月，学
校更名为"江苏公立苏州
工业专门学校"。抗日战
争时期，学校迁至上海。
抗战胜利后又搬回苏州，
更名为江苏省立苏州工业
专科学校。1949 年 4 月
27 日，苏州解放，学校
由人民政府接管。1951
年改称"苏南工业专科学
校"。1953 年 7 月，学
校的纺织科调整至上海华
东纺织工学院，其他各科
于 1956 年迁往西安。

省立苏州工业专门学校[33]（简称苏州工专）于 1911 年创
建于苏州沧浪亭。1937 年苏州沦陷，学校停办，1938 年夏在
上海宁波路、北山东路复校，校长是邓邦逖。当时校方借了一
座纱厂的厂房作教室，条件简陋，更谈不上实验设备，但师资
雄厚，学风严谨，在艰难条件下还培养出不少人才。苏州工专
的特点是重视打好基础，培养实践能力，使学生到工作岗位后
既能"即插即用"，又有持续发展的能力。其毕业生中有不少
总工程师，也有一些学者。

我一入学，课程就很紧，数学课如立体几何、解析几何、
范氏大代数都是用的英文本子，后来还读了大学教本范氏微
积分。蔡时雨老师讲授数学课时逻辑性强，口若悬河，课后
布置的作业很多，因此我们一年半就读完了整个高中的课程。
教我们物理和应用力学的是司马先生，他有长者风度，非常
爱护学生。

教机械制图的是叶老师，他是邓校长的女婿。叶老师非
常严格，在他的启发下，我对工程制图产生了兴趣。后来我买
了本 French 著的 *Engineering Drawing*，其中有各种建筑字
体及建筑图，正是这本书引起了我对建筑学的兴趣（此事对我
1979 年访问欧洲比利时等国起了一定作用）。

我们的英文课时虽不多，但当时教的《最后一课》及《二
渔夫》等爱国主义短篇小说均长期印在我的头脑中。此外，我
们还学了"造模学"等专业课程。我们在学完一年级课程后就
已修完高中的数理课程。

当我初到上海时，为了毕业后能找到工作，选择了苏州工
专。姐姐到昆明邮局工作后，愿意支持我上大学，这是我十分

向往的事。在苏州工专读了一年之后，听说班上有一位姓庄的同学以同等学历考入大同大学[34]电机系。半年后，我也以同等学力考入了大同大学物理系。

大同大学是一所比较正规、严格的私立大学，校长曹梁厦是宜兴人，是一位著名的教育家。当时创办学校的一些学者听说是留美并在中国组成"中国科学社"的成员，如无锡的"三胡"。淞沪会战时，校舍毁于炮火，后于1938年在公共租界的新闸路建造新教学大楼。新教学大楼距沙利文面包厂不远，我们上课时常常闻到面包的香味。

我在大同大学读了一年，读了微积分、普通物理、普通化学、化学定性分析和经济学等课程，所用书籍与其他学校相同。大同大学的师资极佳，教微积分的是一位女教授，乃"三胡"之一。教物理的是张教授，他和我国著名磁学专家施汝为[35]是同窗好友。课堂上全用英文讲授，进度很快。经济学讲的是西方经济学，英文教材不易读懂，现在只记得当时讲了"marginal utility"，解释时还讲到面包加黄油，其他全还给老师了。

▲ 大同大学校徽

[34] 大同大学，位于上海，开办时间为1912年3月至1952年10月，是民国时期一所著名的综合性私立大学，尤以理工著称，在其四十年的大学历史中，一直是上海乃至全国私立大学中的翘楚，素有"北有南开，南有大同"之说，是辛亥革命后中国第一所私立大学。

[35] 施汝为（1901年11月—1983年1月），上海人，中国共产党党员，物理学家，中国科学院学部委员（院士），曾任中国科学院物理研究所研究员、所长。

◀ 1952年，大同大学40周年纪念之际的校门

现在回想起来，当年我跳级报考大同大学，并未经过深思熟虑，但从后来的实践来看，对后面的学习还是起到了很大的

▲ 郑建宣

[36] 郑建宣（1903年6月—1987年6月），物理学家、教育家。我国合金相图研究工作的奠基人之一，测定了大量稀土元素的二元、三元相图，发现了大量稀土元素的中间相，对综合利用和开发我国稀土资源做出了贡献。毕生致力于高等教育事业，曾任广西大学副校长多年，培养了大批科技人才。

[37] 盛成（1899年2月—1996年12月），集作家、诗人、翻译家、语言学家、汉学家于一身的著名学者。1899年2月6日出生于江苏仪征的一个没落的汉学世家。自幼聪颖好学，少年时代便追随孙中山先生参加辛亥革命。1911年，在光复南京的战役中被誉为"辛亥革命三童子"之一，并受到孙中山先生的褒奖和鼓励。

作用。一方面，由于我在上海读完了大一的课程，因此后来借读时就不用参加军训及其他训练课程了；另一方面，由于学习进度提前了一个半学年，因此我能在1944年日寇进攻桂林前毕业，并于同年进入重庆九龙坡国立交通大学电信研究所学习。

1941年8月，我接到广西大学的来函，来函通知我前往报到。办完入学手续后，我即去理学院数理系报到，系主任郑建宣[36]教授是一位长者，和蔼可亲，他是壮族人，是著名的物理学家和教育家。郑主任对我的远道而来、只身离家表示慰问，之后在校三年，我都得到了他热心的关怀。

我刚到广西大学时，日机有时前来空袭。若当时在教室，则跑往后山躲避；若在校本部，则在校内的相思洞内躲避，这是一个天然岩洞，可容纳很多人。这种躲警报的日子一直持续到太平洋战争爆发后，直到陈纳德将军组织了飞虎队，给来犯之日机以致命打击，日寇飞机才稍有收敛。

除空袭与生活困难外，在广西大学读书的日子还是十分安全的。其中有一件较困难的事是找自修的位置，一般都要先去图书馆占位置。

1941年12月7日，日军偷袭美国夏威夷的珍珠港，美国向日本宣战。当"珍珠港事件"的消息传到广西大学校园时，大家都急于了解今后的发展趋势，于是在第二天晚上请著名学者盛成[37]教授在校园中的一个大教室作报告。当我们到达会场时，昏黄的灯光下已挤满了人。盛成教授身穿深色长衫，侃侃而谈。他说："我们中国处于世界屋脊，在喜马拉雅山上泼水，民主势力一定会胜利。"大家都热烈鼓掌。他的结论我完全同意，但他说的理由我不明白。后来20世纪80年代盛成教授从法国归来，我谈起他当年的演讲，他又重复了"在喜马拉雅山上泼水，民主势力一定会胜利"那句话。

02 战时入渝　交大深造

我和姐姐到达重庆后，姐姐在新街口邮政储汇局工作。我坐公共汽车经大坪、杨家坪到九龙坡。凌铁铮带我去见交大电信研究所的主任张钟俊[38]教授。张先生年纪很轻，很和气，两眼特别有神。

他欢迎我去读研究生，但因为我原来读的是理科，所以要我补修工程方面的一些主要课程：交流电机、直流电机、电信传输、电报学和电话学（后来证明张先生的这一举措是很有远见的）。

他说，别的同学两年毕业，我则要读三年才能毕业。后来我还是在两年中读完了全部课程，并完成了学位论文，成为第一批毕业的研究生。

张先生是美国麻省理工学院的博士，归国后先后在同济大学、中央大学任教，于1944年创办交大电信研究所，与电信总局、广播局等单位合作，由他们每月给研究生发放津贴，毕业后到这些单位工作。张先生当时制订的教育计划至今仍是相当先进的。他的指导思想是打好基础，扩展知识面，名师上课。

我们的任课老师中，周同庆[39]教授是物理界的老前辈，后在交通大学及复旦大学执教；郑曾同教授留美归来后在中山大学执教，在近代代数方面很有建树，但不幸早逝；郑太朴教授是数学界的老前辈，曾参加宋庆龄领导的反帝大同盟，是一位爱国的科学家。

电磁理论的三位老师各有特点。黄席棠老师是留德博士，年轻而朝气蓬勃；朱兰成老师是Barlow的学生，有"波导之亚父"之称，对微波传输有很大贡献，当时以美国军官的身份

▲ 张钟俊

[38] 张钟俊（1915年9月—1995年12月），出生于浙江嘉善，自动控制学家。1934年毕业于国立交通大学，获学士学位。1935年获美国麻省理工学院硕士学位，1938年获该校科学博士学位。后任国立交通大学教授。在网络综合、电力系统、自动控制和系统工程等领域做出了许多开创性的贡献。1980年当选中国科学院学部委员（院士）。

[39] 周同庆（1907年12月—1989年2月），江苏昆山人，物理学家。1929年毕业于清华大学物理系；1933年获得美国普林斯顿大学物理学博士学位；1933至1936年任北京大学物理系教授；1936至1943年任中央大学物理系主任；1943至1952年历任交通大学物理系主任、理学院院长；1952年任复旦大学物理系系务委员会主任、X光管研究室主任、光学教研室主任；1955年当选中国科学院学部委员（院士）。

来华考察雷达运作与工程情况，因与张钟俊先生有在交大和麻省理工的同窗之谊，故住在张先生家并为我们授课；徐璋本老师是美国加州理工学院的博士，他主要讲长波传播，讲得非常透彻。

专业课方面，张钟俊老师长期从事网络分析与综合研究，并出版有英文专著；刘宜伦老师在哈佛大学读声学，我对他教的声学包括建筑声学很感兴趣，后来我在工作中碰到一些电声学的问题时常常会想起刘老师讲过的概念。刘老师后任重庆邮电学院院长，可以说重邮是刘老师一手培植起来的。

超短波、电视学是1946年到上海后开的新课，由张思侯老师教授，后来张老师一直在美国东北大学执教，我曾读过他关于声码器的文章。朱物华老师后来任上海交大校长多年，长期从事水声学研究。陈季丹老师后来在西安交大执教，是我国电介质研究的老前辈。

我到重庆后不久，日本兵打到贵州独山，重庆也受到影响，听说学校准备迁往西昌，后来战局平定，才又在九龙坡安定下来。我们电信研究所的第一届研究生原有11人，最后毕业的共8人。

除陈珽外，我们都住在一间大教室（原为307教室）中，每人一张双层床，上铺放东西，人睡在下铺。窗户无玻璃，每当大雾，房中如浴室里一样一片迷茫。重庆交大的政治气氛好，当时每个宿舍都订阅《新华日报》《中央日报》《扫荡报》及《大公晚报》。

当时杨家坪有国民党的特务机关，有时会刁难《新华日报》的报童，我们就将这些报童护送过杨家坪。

重庆九龙坡交大的学生伙食比广西大学的要强得多，这归功于学生组织的伙食委员会，伙食委员会的成员要负责采

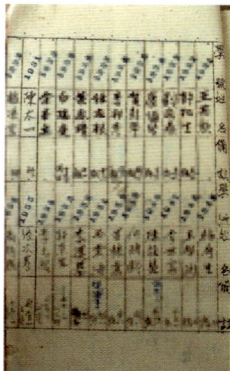
▲ 国立交通大学学生注册簿

购和监厨。听说开始时，同学们因为九龙坡的菜太贵，就到附近农村购菜再运回九龙坡，为此受到地头蛇的阻挠，他们就回校叫来大批同学帮忙，结果以对方写悔过书了结，伙食因而得以改善。

伙食委员会每月改选一次，每次都有好几个团队竞选，承诺一个月内要打几次牙祭（即改善生活）。当选伙食委员后，成员要付出相当大的牺牲，有时不能去听课，课后要补抄笔记，但这些同学乐此不疲，我想这也是一种崇高的精神。

我们研究生一方面在学生食堂入伙，另一方面自己在宿舍里每天中午做一道菜以改善生活，陈珽负责买菜，由我掌勺。

九龙坡时代的学生生活还是比较愉快的。每个星期天，我们一班人——陈珽、董春光、杨渊、凌铁铮、严宣哲、刘永嵘、吴继宗和我，都要去南温泉洗澡。午后坐划子从九龙坡到对岸的李家沱，然后步行到南温泉，在大池里泡半天，出来到小饭馆去吃一顿比较丰盛的晚餐，然后乘兴而返。

我们的另一个节目是每周举办唱片欣赏会，有一批热心的同学，每个星期天晚上会带着古老的留声机给大家放古典音乐。我和陈珽，有时还约了刘永嵘，带着小板凳去听。这真是一种享受。回来后，我常把听到的旋律记在床头的墙上。至今我还记得当年听完舒伯特的《未完成交响曲》后所记下的旋律。

当时在九龙坡的其他活动是不多的，同学们经常以茶馆作为复习功课的场地，每天下午去小茶馆泡壶茶，边喝茶边复习，直到吃晚饭才走。此外，交大团契有时在晚上举行讲道会，我和陈珽有时去参加，当时热心的同学有土木系的余道胜和轮机系的叶鹿靖。

暑假将至，学年结束时，陈珽因成绩名列全班第一，得奖金50元。我因电磁理论成绩最好，得黄席棠教授奖金30元。通过一年拼命上课学习，要补的课基本差不多了。暑假期间，有同学在长江中游泳遇难，学校举行了追悼会。后来上游洪水暴发，一些家具和死牲口从上游漂流下来，这一时期我们不敢渡河到长江南岸，只好在九龙坡读书、游览。

1945年8月15日，日本宣布无条件投降，抗战结束。消息传到九龙坡，大家欣喜若狂，有人敲着洗脸盆到处报告，杜甫所作《闻官兵收河南河北》一诗最能表达我们当时的心情：

> 剑外忽传收蓟北，初闻涕泪满衣裳。
> 却看妻子愁何在？漫卷诗书喜欲狂。
> 白日放歌须纵酒，青春作伴好还乡。
> 即从巴峡穿巫峡，便下襄阳向洛阳。

有些人急着把东西卖掉，准备回家，但当时交通工具奇缺，一时都轮不上平民百姓。国立交通大学的有些师生先回上海做准备工作（如刘永嵘等），我们则一直等到 1946 年 2 月才从重庆坐船沿长江顺流而下到达上海。

新学年开始，第二届研究生到校了，其中有些是老学长，如金寿观、聂怀燕和徐大林等，他们都比我们年长，是工作多年后才来读研究生的，其精神实在令人钦佩。

这个时期，我们班的同学都花很大精力在准备毕业论文。陈珽和魏凌云完成得最早。陈珽的题目是电子光学方面的，魏凌云则是飞机自动驾驶方面的。我因为走了一段弯路，最后选择微波电子管，这在当时是最新技术。

我在国立交通大学看完一些缩微胶卷后，即到沙坪坝松林坡中央大学理工学院的阅览室看资料，那里有不少有关电气及应用电子学的期刊。后来我在《多腔磁控管因电子轰击阴极受耗》一文中得到启发，确定了论文题目。

那段时间我住在西开在中大执教的哥哥季开家，住的日子可不短，在那里还见了到中央大学物理方面的一些老前辈，可惜现在记不起来了。

1946 年过完了阴历年，学校分配我们在 2 月间坐轮船回上海，另一批同学则北上坐火车、汽车回上海。

1946 年二三月间，我们回到上海徐家汇交通大学复课。日本人统治期间，听说这里是同文书院，日本人投降后，廖耀湘部队在此驻军养马，把校园弄得乱七八糟。待到我们返校时，校园内已十分整洁。我们研究生住在西斋的三楼。

因为在从重庆沿江而下的途中，徐大林患痢疾时由我照顾，所以到上海后他要和我同住一室。我们房间的对面是广西大学转到交大电机系的学生，其中有颜任光博士的儿子颜瑞麟，我曾在这段时间向他学过夏威夷吉他，他后来在加拿大当教授，很有成就。

待研究生全部到达上海后，张钟俊先生在校内中院的西餐屋请我们吃西餐，席间宣布了一条严格的规定：研究生读本科课程80分才算及格。

不久交大又来了一位我的老朋友蒋大宗，我们是1943年夏在桂林无线电厂实习时相识的。后来得悉他1944年在西南联大参加远征军，受过X光医疗方面的训练，等到这支军队要开赴东北打内战时，他就开小差到交大来当助教。他在关键时刻做出了正确的决断，这对他的一生是至关重要的。后来他在自动控制和医疗电子学方面有很大建树，现在他在西安交大。

我到上海后选了两门课，一门是朱物华[40]教授的电视学，另一门是张钟俊先生的电信网络，这些课都是和46届的本科生合上的，因此我认识了周光耀、冯世章、童志鹏等。

在重庆九龙坡时，每星期六晚上的唱片音乐会是很吸引人的；到了上海，虽然条件比在重庆时改善了很多，还有上海音专的教授前来讲解，但参加的人越来越少。在上海时我们不常去看电影，但《魂断蓝桥》及《义犬寻主》（后来叫《莱西回家》）却给我留下了深刻的印象。

记得《义犬寻主》是一部英国彩色片，讲述一条犬跨越海峡去寻小主人。看完电影回来我就向杨渊等做了详细介绍，后来他们也都去看了此片。到了20世纪80年代，改革开放后，在北京又上映此片，杨渊立即在电话中向我爱人复述了当年的情景。

那时我们有时还结伴去逛马路。有一次，在马路上看到摊子上出售阳澄湖大闸蟹，来自陕北榆林的杨渊惊奇不止，问是什么东西，可以吃吗？我们买了几只回来在电炉上用奶粉罐头桶煮来吃，杨渊打开盖子一看，大声说："坏了，坏了，怎么

[40] 朱物华（1902年1月—1998年3月），又名佩韦，原籍浙江绍兴，江苏扬州人。无线电子学家、水声工程专家。1923年毕业于交通部南洋大学（今上海交通大学），1924年获美国麻省理工学院硕士学位，1926年获美国哈佛大学博士学位，1952年加入九三学社，1955年当选中国科学院学部委员（院士）。

都变成红色了？"

那时候，我急于要完成毕业论文。在重庆时，我曾在沙坪坝松林坡中央大学物理系的图书馆里看到一本《应用物理》杂志，其中谈到磁控管的阴极常常会被从阳极折回的电子轰击而受损伤，一种解决办法是工作一段时间后，把灯丝电源切断。受此启发，我提出了一种电子枪式多腔磁控管的设想，即把磁控管的阴极从原来的腔体空间移到斜下方，然后以电子枪的形式把电子束注入腔体，这样可以避免阴极被击毁。

研究生姓名	论文题目	指导教授	毕业后工作单位
陈太一	电子枪式磁力振荡管之分析	朱物华	广州电信局

◀ 陈太一在电信研究所时的研究生论文登记表

我找到了朱物华老师，向他介绍了论文的设想，他表示愿意指导我做这个题目。因此，我拼命加速做论文，于上学期结束时提出报告申请答辩。在 1946 年 9 月下学期刚开始时，我进行了答辩。著名电真空专家史钟奇[41]先生参加了我的论文答辩，答辩很顺利地通过了。

[41] 史钟奇(1906 年 — 1986 年)，出生在宜兴官林镇下笠渎村。从事工程技术工作，专长为电机制造和电讯工程，是国内电机界的著名专家。

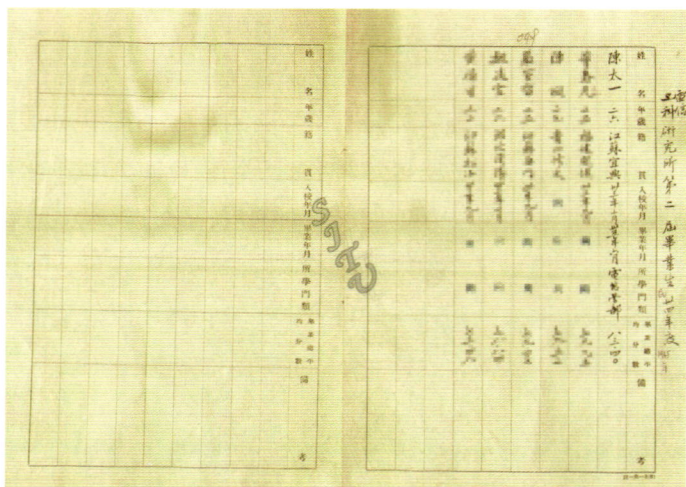

03 学海无涯 屡遇良师

在大学学习期间，我有幸遇到了许多良师。那时候，我们这些来自沦陷区的穷学生，主要是靠贷金维持生活和学业的。到了1943年，物价飞涨，光靠微薄的贷金已难以维持。

幸亏有系主任郑建宣教授介绍我到学校附近的景崧中学去兼课，才不至于中途辍学，从而读完了大学的课程。

当时我们有很多有名的教授：施汝为、顾静徽、卢鹤绂、郑建宣、雷翰、吴敬寰[42] 等。其中，施汝为老师是著名的磁学专家，从大学四年级起，我就一边读书一边在他的实验室里当他的助手，在磁学方面做一些实验工作。他表示要我毕业后到他的实验室去工作。不料在1944年秋，日军攻占衡阳，直逼桂林城下，那时施汝为老师对我说，现在他连自身都难保，只好各奔前程了，等将来战争结束，他还希望我当他的助手，到他的实验室工作。这些话是十分感人的，他表达了一位教师对学生的爱护和期望。

[42] 吴敬寰（1900年—1976年），字肃如。1927年获燕京大学物理专业硕士学位。曾在清华大学研究院物理研究院、燕京大学物理系、济南齐鲁大学物理系、山东大学物理系、广西大学、中山大学工学院任教。1953年调入华南工学院任教授。1956年调入成都电讯工程学院。1961年出版教材《无线电设备元件零件结构设计及制造工艺》。

后来抗战结束了，施老师回到上海中央研究院物理研究所
工作。1946 年，我研究生毕业后去看望他，他依然要我去他
那里工作，我也很愿意跟随他工作，但因学校不同意而未能如
愿。如今他已安息在八宝山革命公墓，我曾前去凭吊。他那番
亲切的话，将在我的脑海中永驻。

我读研究生时的论文导师是朱物华教授。关于这位电子学
界元老的事迹和他对弟子们的关怀，我已在 2003 年春天专门
写了一篇祝贺他执教 67 年的纪念文章，因此就不再重述了。
2003 年夏天，我去上海开会，临行前又去拜访过朱物华老师
和陶芹师母。

▲ 朱物华

1946 年，我离开交通大学电信研究所后，即长期从事教
学与科研工作。一方面，我也当上了教师，努力学习当年我们
老师是如何爱护我们的，并像他们那样对待我们的下一辈；另
一方面，我还是不断地从各位老师那里得到帮助与教诲。

1948 年，吴敬寰老师在广州中山大学电机系担任系主任，
他希望我能去中山大学开一些新课。那年秋天，我就在中山大

▲ 吴敬寰

[43] 杨泰芳（1927 年 4 月—2012 年 7 月），广东梅州市梅县区人，教授级高级工程师。第八届全国人大常委会委员，全国人大华侨委员会主任委员，中共第十二届中央候补委员，十二届二中全会递补为中央委员，第十三届中央委员，中华人民共和国原邮电部部长、党组书记。

▲ 冯秉铨

学任兼职副教授。吴敬寰老师出身于山东的一个贫苦家庭，他始终保持了劳动人民的本色。

当时广州正处于国民党反动派的严密控制之下，视中山大学的进步学生为眼中钉，夜间经常派特务去袭击学生宿舍，因此一些进步学生在夜间都不敢睡在自己的铺位上。

记得有一次国民党特务搜捕当时在中山大学电机系就读的杨泰芳[43]同志（后来曾任邮电部部长）。杨泰芳同志化装躲过敌特的视线后，就藏在吴敬寰老师家中。直到第二天特务撤离中山大学后，杨泰芳同志才得以脱险。

这件事充分反映了吴敬寰老师的高尚品德。他在治学方面始终处于他所从事的学科前沿，一辈子诲人不倦，直到最后离我们而去。

在老一辈学者中，有些前辈虽然没有机会给我们讲课，但我们从他们那里也得到了不少教益。在这些师辈中，有孟昭英、毕德显、冯秉铨、张煦等教授。我是在 1947 年认识冯秉铨教授的，当时他归国不久，任岭南大学物理系主任。在中国电子学会的学术活动中，我常常从冯秉铨教授处得到教益。

他的一生并不是那么顺利，但他在逆境之中始终怀着报效祖国的赤子之心，不断创业，不断创新。人们说，他是活活累死的，我想确实是这样的。1979 年的深秋，我到华南工学院他的寓所去拜访他，想请他帮我主持一个有外宾参加的宴会。当时《人民日报》的记者正在访问他，还有别的一些同志在等待，他真是够忙的了，但是他还是欣然同意去主持宴会。正是因为有他的支持，那次涉外任务获得了圆满成功。次年 3 月，他就去世了。

毕德显教授是冯秉铨教授的同窗好友。40 年来，我有幸能在毕老的指导下工作，他对我的帮助和鼓励也是我难以忘怀的。

1953 年，我和张家口军事通信工程学院的部分教员到清华大学参观学习，孟昭英教授和常迥教授真挚热情的接待和帮助，也使人难以忘怀。

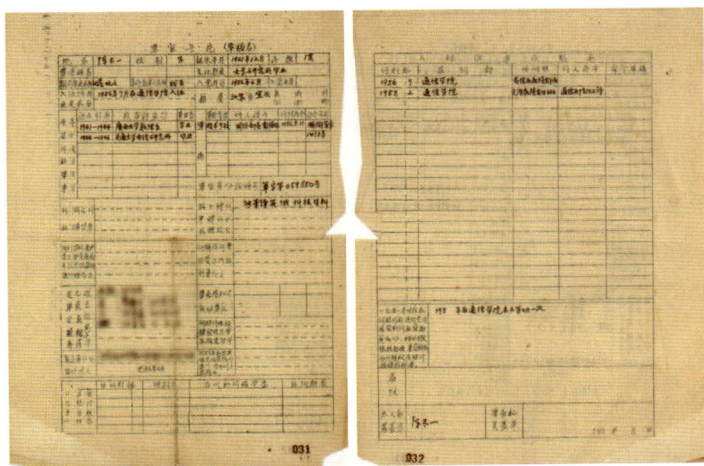

▶ 陈太一军官卡片

最近我常想起一个问题：人类是怎样延续下去的呢？人们常常只注意到人类血缘的延续——子子孙孙以至无穷，这可以说是生命的延续。此外还有一种延续，那就是文化的延续。

▶ 1984 年，毕德显（左）与陈太一（右）在南京交谈

117

▶ 中国人民解放军通信工程学院恢复重建十周年，陈太一（后排右二）与历任院领导合影

　　这主要是通过师生关系使人类的文化不断延续和发展的。有人把这种关系比作接力赛，教师把接力棒交给他们的学生，一代一代地接续下去。仔细想想，这还不太确切。因为一方面学术是不断发展的，学生站在老师的肩膀上要超过老师，这样人类文明才能不断进步；另一方面师生关系要比血缘关系（如父子关系）复杂得多，对于一个学生来说，他从幼儿园、小学、中学、大学直到工作，会碰到许许多多老师，这些老师都会对他产生不同程度的影响。

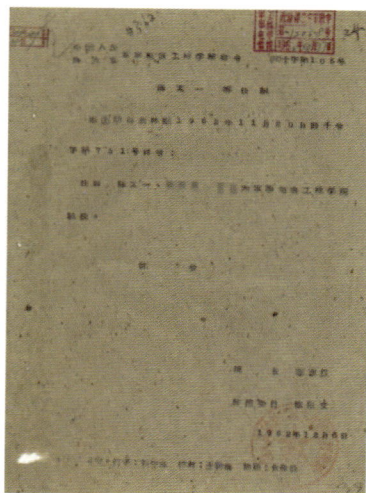

▶ 陈太一任中国人民解放军军事电信工程学院（今西安电子科技大学）教授的文件

一般人们常常只提及大学老师对某个有成就的人的影响，这是不正确也是不公平的。一个人的一生中，往往有好几个老师会对他产生影响。比如，我的一生中就得到了很多老师的帮助，其中影响最早、最大的是中学时的凤缩老师。

　　对于一个老师来说，他在一生中要教成千上万个学生，他的学生任教后又要教成千上万个学生，是几何级数的关系。因此老师对社会做出的贡献是无法估量的，教师是崇高的职业，教师承担了延续人类文化的职责。

　　[本文摘自裘维蕃等著的《资深院士回忆录》，第 187-294 页，有改动]

活跃学术空气　促进学术交流

我院召开第五届科学技术报告会

为了活跃学术空气，促进学术交流，进一步提高教学、科研水平，为发展电子工业和四化建设作出更大的贡献，我院第五届科学技术报告会于五月二十八日顺利召开了。

这次报告会征集到各部、系教员、研究生、学生撰写的论文305篇。这些论文是通过教学和科研的实践而升华出来的科学总结，与前几届报告会相比，在论文的数量上成倍增加，在质量上大有提高，在选题范围上有所扩大，从各单位宣读的论文内容来看，绝大多数具有很高的实用价值和理论水平。

这次报告会有两个特点：一是不举行开（闭）幕式，而是以系为单位，按专业分组进行学术报告和讨论，便于院内各学科之间进行学术交流；二是每天下午进行报告，既不影响学生上课，又使更多的教员和学生参加报告会。从一系、二系、四系、基础课部和社会科学部的报告会场看，报告精彩，气氛活跃，受到与会人员的好评，特别是陕西省和外省兄弟院校、厂、所来的教授、工程技术人员，对这次报告会给予了热情的鼓励。

南京通信工程学院副院长陈太一教授感慨地说："趁报告会之际，重回西电，心情很愉快。西电的建设发展比较快，听了一个组的报告后，感到内容很吸引人。"桂林电子工业学院汤步和副教授高兴地说："这次回来，感到学院变化很大，使自己学到了不少东西，特别是你们注意微型机及锁相技术的开发应用，在四化建设飞速发展的今天，很有实际意义。"1020所的同志说："西电第四届报告会我也参加了，相比之下，这次报告会的内容比上届丰富多了，水平也有很大提高，有一部分接近国际水平或达到国内先进水平。"解放军电子工程学院陈鹏举同志说："从报告会的内容上反映出西电的技术力量是强的。学生结合毕业设计搞科研大有好处，既提高了学生的工作能力，又促进了科研工作的进展。学生能积极踊跃地参加科技报告会，说明西电的学生思想很活跃。"

报告会将于六月十五日结束，同时还将宣布成立院高等教育研究室。

西安电子科技大学文件

校人字[2000]55 号

关于聘任陈太一院士为我校名誉教授的决定

各单位：

经通信工程学院学术委员会提名、推荐，校学术委员会审议通过，学校决定聘任陈太一院士为我校名誉教授。

西安电子科技大学

二〇〇〇年四月十八日

主题词：聘任　名誉教授　决定

打字：刘晶秀　　校对：李革建　　共印 10 份

▶ 关于聘任陈太一院士为西安电子科技大学名誉教授的决定

陈太一大事年表

1941 年，就读于广西大学数学物理系。

1944 年，就读于国立交通大学电信专业，攻读硕士学位。

1947 年，任广州第六区电信管理局工程师。

1951 年，任中南邮电管理局无线电工务科科长。

1952 年，任中国人民解放军通信工程学院副教授。

1958 年，任中国人民解放军通信兵学院无线工程系副主任。

1962 年，任中国人民解放军军事电信工程学院教授。

1963 年，任中国人民解放军通信兵科学技术部总工程师。

1970 年，任第十九研究院技术组长。

1978 年，任中国人民解放军总参通信部总工程师。

1982 年，任中国人民解放军通信工程学院副院长。

1988 年，任中国人民解放军通信工程学院教授。

1997 年，当选中国工程院院士。

2000 年，任西安电子科技大学名誉教授。

第五篇

保铮院士
求学记

保铮（1927年12月1日—2020年10月21日），男，江苏南通人，中国电子学家，中国科学院院士，我国著名的雷达技术专家、电子学家。1953年毕业于中国人民解放军通信工程学院雷达工程系，并留校任教。历任教研室副主任、系主任、副院长，1984年至1992年任西北电讯工程学院院长、西安电子科技大学校长。1991年当选中国科学院学部委员（院士）。

保铮曾任国务院学位委员会学科评议组电子与通信学科召集人，国家自然科学基金委员会评审组召集人，国家杰出青年科学基金委员会委员，国务院学位委员会学科评议组、国家自然科学基金委员会评审组的成员，陕西省科学技术协会副主席，雷达信号处理国家重点实验室学术委员会主任，信息产业部电子科学技术委员会顾问，解放军总装备部科学技术委员会顾问，空军科技发展与人才培养顾问。

保铮长期从事雷达与信号处理方面的理论研究和工程实践工作，治学严谨，学术造诣深厚。面对国外的技术封锁，他毅然扛起中国雷达研究的重任，在祖国国防科技战线上做出重大贡献，被誉为"中国雷达之父""中国雷达裁判长"。

迎难而上
开拓创新
求真务实
锲而不舍

保铮
二〇〇三年九月

　　1927 年 12 月，保铮出生于江苏省南通市的一个书香门第家庭，从小家教严格。1933 年 6 月，保铮就读于大王庙小学。两年后，又转到城北小学读三年级。后因战乱，中断学业。1937 年秋，保铮进入南通第二小学读五年级。1939 年 9 月，保铮跳级进入南通公立中学读初中一年级。1940 年，保铮因病被迫休学半年。复学后，保铮在南通公立中学度过了自己整个中学时期。1944 年，在升入高三这一年，保铮没有继续读书，而是于 6 月考入私立河海工程专门学校。1945 年 9 月，私立河海工程专门学校因故停办，保铮的第一段大学生涯宣告结束。

　　1946 年到 1947 年，保铮身体不适，这两年是在病榻上度过的，他一边养病，一边读书。1948 年 9 月，保铮被南通学院的纺织学院录取，读纺织科。因为对纺织专业不感兴趣，保铮于 1949 年 1 月主动辍学。1949 年夏，保铮终于如愿考入心仪的大学——大连大学[44]。

[44] 大连大学，即今大连理工大学。1949 年 4 月，大连大学成立；1950 年 7 月，大连大学建制撤销，大连大学工学院独立为大连工学院；1988 年 3 月，大连工学院更名为大连理工大学。

01 辍学重考　情缘大工

每当提起大连，保铮总是非常兴奋。

1948年，保铮虽然顺利考取了南通学院纺织学院纺织科，但学校氛围和学科方向并不是他心中所想。次年，他主动提出辍学，重新参加考试，先后报考了大连大学、清华大学、交通大学和唐山工学院四所院校。保铮在卧床养病的两年里进行了大量阅读学习，给考试打下了良好的基础。

功夫不负有心人，1949年夏，保铮以优异的成绩通过了四所院校的录取考试，在他面前，一下摆着四个选择。一个病弱的年轻人，经过了那么多的坎坷，终于得到了命运的垂青，站在了一个可以选择的高地，面对着人生又一次的重要选择——四所大学的垂青，必须做出决断。

▶ 南通学院纺织学院

没有父亲的庇护，跟着母亲尝尽人间冷暖，他只能依靠自己来完成这道选择题。

生活的艰难，身体的病痛，让保铮形成了坚忍独立的性格。

经过权衡，保铮没有选择最负盛名的清华大学，也没有选择距离南通很近的交通大学，而是选择了远在东北的大连大学。

难道他不向往中国顶尖学府吗？难道他不需要离家人近一些、承担起照顾家庭的重任吗？他有多少纠结，又受到命运怎样的捉弄！

保铮自己这样回忆道："这样的选择是必然的。一是从高中开始，有一种'科学救国'的热情，而面对残酷的现实又感到前途渺茫。家乡解放虽只有半年多，但共产党和人民政府使我看到了光明，看到了希望，相信在解放区建立的大学里，（我）能学到更多的东西。二是该校有一批名师，都是在解放军渡江前辗转进入解放区的。此外，家庭经济困难也是个原因，因为大连大学的学生可享受供给制待遇。"

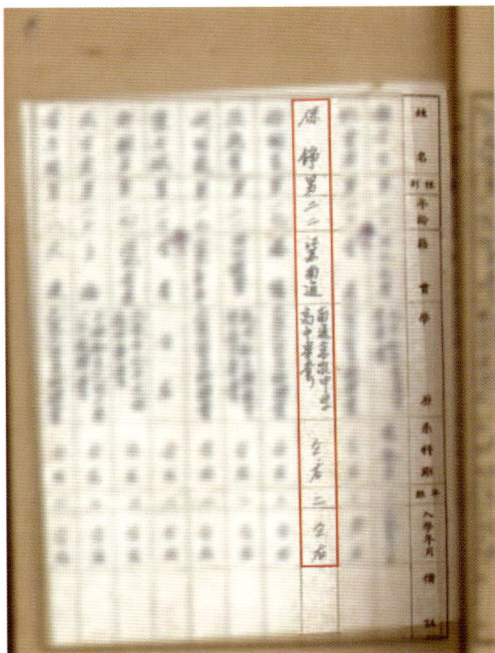

◀ 大连大学工学院
1949—1950 学年学生
名册

这次招生，大连大学在北京、上海两地共招收新生490名，其中有 15% 的人曾经上过一年至三年大学，整体素质比较高，录取考试的题目比较难。大连大学在北京发榜的录取比例是 6.8%，上海地区的录取比例是 17.2%。

保铮考取大连大学工学院的成绩：

物理学 80，化学 76，数学（1）78，数学（2）95，国文 3+。

以同班同学的成绩来衡量，这是一个非常优异的成绩。

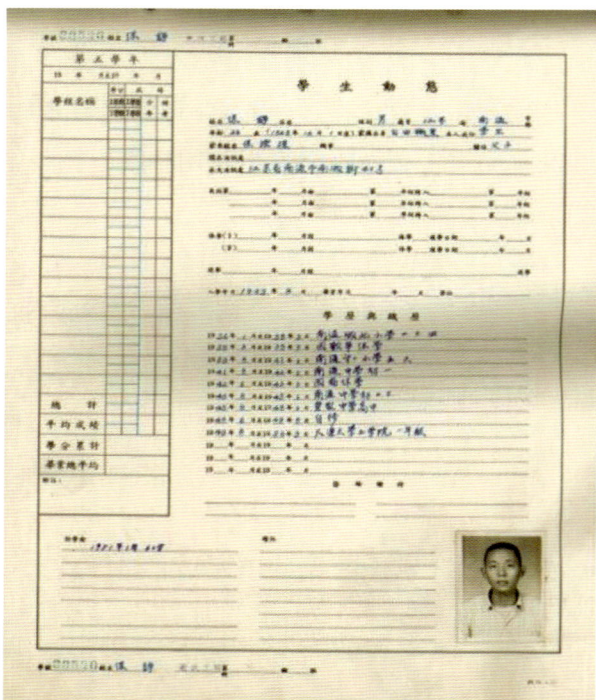

▶ 1949 年，保铮在大连大学的学籍表

1949 年 9 月 19 日，在大连大学派去的马瑞德、钱彬等老师的带领下，保铮与同学们一道乘火车离开上海，踏上了北上的征途。学生们原计划从天津乘船去大连，但为避开国民党飞机的轰炸，只好改为乘坐火车。学生车厢挂在货车上，跟随货车路线行走。

学生们上车后，每天能领到充裕的生活费。由于当时各地的货币还不统一，学生们在山海关和瓦房店分别兑换了关东币和东北币。一路上随着货车走走停停，经过十天十夜，于9月29日抵达大连。

两天后的10月1日，首都北京举行了隆重的开国大典，毛泽东主席在天安门城楼上庄严地向全世界宣告中华人民共和国成立了。

这一天，保铮与同学们一起到大连的斯大林广场参加中华人民共和国成立庆祝大会，收听了中华人民共和国开国典礼的实况广播。中华人民共和国的成立开辟了中国历史的新纪元，从此，中国结束了一百多年来被侵略、被奴役的屈辱历史，真正成为独立自主的国家。

在广场庆祝的人群中，22岁的保铮被群众的欢呼声和鲜红的旗帜包围着，内心无比激动。他意识到，自己和新生的国家一起，站在了人生新征程的起点上。幼时家乡被日军轰炸后的惨状，身处故土却被迫逃难的狼狈，在侵略者逼视中生生咽下赤子之声的时刻，从今往后都不会再有。

这时，他想起过去同学们的议论："中国人被侵略、受欺负，还是吃了科学技术落后的亏。"那一刻，这个早就怀着"科学救国"梦想的年轻学子，更加坚定了自己未来的志向。

入学后，新生们首先进行了大约2个多月的政治学习，随后按专业分系学习。

1950年1月，从北京、上海考入大连大学的学生被分到各系，与当地学生统一编班上课，来自上海考区的保铮同戴树荪 [45]、强伯涵、赵树芰等同学分在电讯系，正式成为大连大学462名本科生中的一分子。

[45] 戴树荪（1930年7月—），男，江苏常州人，西安电子科技大学教授。1953年毕业于中国人民解放军通信工程学院雷达工程系。历任中国电子学会陕西分会雷达导航专业委员会副主任委员、西安电子科技大学研究生部主任、工科电子类教材《无线电技术》与《信息系统》编委副主任和《电子系统》编审组组长、西安市科技咨询委员会委员。长期从事雷达与电子工程的教学和科研工作，指导硕士研究生，讲授信号理论、数字技术等课程。

▶ 第一届电讯系学生合影

保铮在大学期间，最重要的一件事是结识恩师毕德显。

1944 年，毕德显从美国加州理工学院物理系博士毕业后回到中国，任教于南京中央大学物理系。

1949 年，41 岁的毕德显拒绝了南京国民政府要他去台湾的要求，响应了共产党地下组织发出的去东北解放区任教的邀请，毅然奔赴大连，担任中国共产党创建的第一所工科大学——大连大学工学院电机系和电讯系的系主任。

毕德显被称为学术上的"活字典"，被誉为"科学道路上一颗晶莹的铺路石"。他一生默默耕耘，著作甚丰，桃李满园。

保铮大学一年级的普通物理和二年级的电磁场理论都是毕德显教授的。当时，学校实行课代表制，保铮是普通物理和电磁场理论课程的课代表。

在保铮的印象里，毕德显十分平易近人，经常和学生讨论问题、启发学生思路。他对问题的深刻阐述使保铮大开眼界。如果有学生提出新的想法，毕德显总是予以鼓励，不否定学生的想法，也不急于给出答案，而是发动大家讨论、补充、修正，

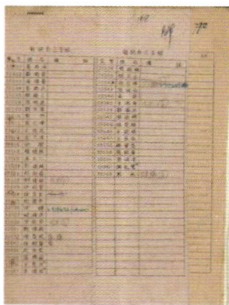

▲ 电讯系学生名单

直到得出正确的结论为止。

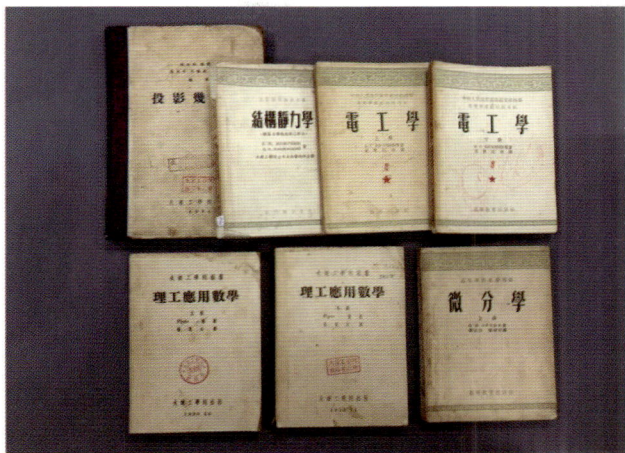

　　保铮在南通养病期间，曾自学普通物理和微积分，但始终无法深刻理解。听了毕德显讲授的普通物理课后，他豁然开朗，改变了自己的学习方式，即上课时"不记笔记，专心听讲"，下课后借助参考书对一些重要概念加深理解、深入思考。除此之外，同学们之间也经常就学业上的问题进行讨论，许多知识、概念就是在讨论中搞清楚的。

　　在学校设置的课程中，物理是一门比较难的课程。虽说保铮所在的电讯系是全校物理成绩最好的，可物理考试的平均分也只有 60 多分，保铮的物理成绩则一直保持在 90 分以上。

　　"碰到任何事情都要问一个为什么"，这是保铮思维的重要特点。物理学中的定理都是可以证明的，保铮会把课本上的定理都按照自己的理解证明一遍，即便那些偶尔出现的定理也不例外，这个过程深化了他对物理概念的理解。

　　在一次物理测验中，毕德显老师给学生们出了一道关于动量守恒定律的题目，大意是说一个球向下降，一个球向上冲，求解撞击之后的速度。班上同学大多按照两球水平撞击来求解，

133

▲ 王大珩

[46] 王大珩（1915年2月—2011年7月），生于日本东京，原籍江苏苏州。1936年毕业于清华大学物理系。1938年赴英留学，攻读应用光学专业，获硕士学位。1942年被英国伯明翰昌斯公司聘为助理研究员。1948年回国，历任大连大学教授、中国科学院仪器馆馆长、长春光机所所长、中国科学院长春分院院长、国防科委十五院副院长（兼）、中国光学学会理事长、中国科学院技术科学部主任、国防军工科学研究委员会副主任。

保铮却考虑到了垂直撞击与水平撞击之间的差异，把重力也计算在内。

在保铮和同学们当时的知识结构中，垂直撞击的动量问题没有现成的公式可用。根据自己对力学的理解，保铮推导出了一个公式，并解决了问题。后来，他把自己解答问题的思路讲给毕老师，毕老师还因此发觉了自己在题目设计上的不足。因为学习成果得到了毕老师的肯定，保铮大受鼓舞。

保铮好学深思的学习习惯和他心无旁骛的学痴秉性在同学中名气不小。在一堂应用力学课上，助教把一道自认为很难的题目写在黑板上，让同学们用一堂课的时间讨论如何求解，没想到保铮没花多长时间就给出了解答，搞得助教老师有些尴尬。课后，有同学善意地提醒他，这样做会打乱助教的教学安排，保铮听了只是笑笑。一个好钻研的学痴遇到了难题，哪还顾得了那么多呢？

除毕德显先生外，王大珩[46]先生的实验课也让保铮记忆深刻、受益匪浅。

当时，王大珩老师是物理系主任，负责实验室事务。学生们的物理实验总在每周六下午进行，因为当晚学校会放映电影，所以学生们都想尽快闯过实验关去看电影。王大珩老师总是亲自指导"碰撞"的力学实验，对学生要求非常严格。因此，学生中间流传着"难过'碰撞'关"的说法。

学生做实验时，王大珩就守在实验室里，寸步不离。虽然他对整个实验过程非常清楚，但从来不干预学生的实验。实验做完后，学生们还要把实验记录交给指导老师一个一个审查，拿到指导老师的签字，这次实验才能结束。

要是星期六下午在四个小时内做不完实验，晚饭时间就要推迟；要是推迟了晚饭还做不完，电影就看不成了。到了星期天，学生们总会相互打趣："昨天晚上吃上晚饭了吗？看到电影没有？"这其实就是在问昨天的实验关过了没过。

在这些先生们的培养和教导下，保铮和他的同班同学在后来的工作中都十分重视实践，具有很强的实际工作能力。这与在校期间养成的严谨作风和在实验中练就的动手能力有很大关系。

▲ 1953 年保铮毕业照

1951 年冬，一个重大消息在校园里炸了锅——大连工学院电讯系将要集体参军，并入张家口军委工程学校。当时，中国人民志愿军赴朝作战已经一年，学生们都认为这是保家卫国的需要，觉得参军是求之不得的一件事，热情很高。

时任军委工校一部主任的孙俊人来学院作了动员报告，并深入师生当中，了解思想动态，做思想动员工作。

一天，孙俊人来到保铮所在的宿舍，介绍军校学生的学习和生活。孙俊人说："张家口条件很艰苦，希望同学们能够在艰苦条件下锻炼成长。"

当时，学校的学生宿舍也是自习室，几人一间的男生宿舍大多不会很整齐。保铮和几个同学想跟孙主任套近乎，就请孙俊人说说对他们宿舍的印象。孙主任直言不讳地说："房子不错，至于生活管理，说客气些，不怎么样；说老实话，很糟糕。你们到张家口后就会看到，虽然房子很简陋，但内务管理井井有条。"

孙主任勉励同学们，要克服自由散漫的习气，加强纪律性、组织性的锻炼。保铮把此次晤谈看作是"参军前接受到的第一堂革命传统教育课"。孙俊人和蔼又严格的军人气质给保铮留下了深刻的印象。

不久后，保铮在恩师毕德显的带领下，和电讯系的同学们集体参军，远赴塞外张家口。

02 塞外参军　艰苦奋斗

　　1951年底，为统一培养全军通信干部，军委决定将大连工学院电讯系全体师生调往张家口，并入张家口军委工程学校。1952年2月29日，电讯系211名师生来到张家口，开启了他们的军旅生涯。这一批人中，教师24人，学生187人。

　　张家口军委工程学校还有一个名称叫作"中央军委机要通信干部学校"，是"中央人民政府人民革命军事委员会工程学校"的简称。这是一所培养通信、外语和机要工程人才的学校，隶属中央军委，1949年以华北军区电讯工程专科学校（今西安电子科技大学）为基础扩建于张家口。学校将通信、外语和机要三个专业分设为三部，各部为独立教学单位，主要招收高中以上文化程度的青年学生。

▶ 中央人民政府人民革命军事委员会工程学校

　　1952年初，大连工学院电讯系并入。同年，第一部在原址改建为中国人民解放军通信工程学院；第二部迁北京并入技术部干部学校；第三部与东北军区司令部机要处训练队合并，在长春成立中央人民政府人民革命军事委员会机要青年干部学校。

◀ 中央人民政府人民革命
军事委员会工程学校操场

张家口地处塞外，冬季寒冷漫长；春天风沙大，气候干燥；夏天时间短，天气炎热，很少下雨；只有秋天还算舒服，冷暖适中，天气总是晴朗的。

保铮身体本就羸弱，再加上从小在温和湿润的南通长大，很难适应张家口恶劣的天气，不久就病倒了。

除天气之外，张家口军委工程学校的地理环境也十分恶劣。学校建在张家口东山坡上，不仅有日本人留下的兵营，还有国民党军队驻扎过的痕迹。初建时，学校没有一条像样的马路，杂草丛生，一片断壁残垣，因为没有围墙，还要想办法对付东山坡上出没的野狼。

虽然孙俊人老师出发前就给这些年轻人打过"预防针"，但条件的艰苦程度还是超出了大家的想象。

到达张家口后，毕德显和电讯系的 24 位教师被打散到各个教授会中去。当时，教员们居住在原日本军营，10 幢房子，20 户，2 户合住一幢。条件并不好，但相比之下也堪称高级住宅了。

有天半夜，陈太一老师睡得迷迷糊糊，忽听见耳朵边吱吱的叫声，一睁眼，竟发现一只耗子，吓得他一把抓住耗子摔到地上，顿时睡意全无。气温太低，就连耗子都冷得受不了，躲到他耳边来取暖。

学员宿舍的条件也十分艰苦，一间小房，十多个人挤在两张木炕上，躺着几乎不能翻身。厕所在离宿舍四五十米远的室外，学员夜间如厕必须忍着最低可达零下20多度的低温和刺骨的寒风，裹着皮大衣依然冻得浑身打战。冬天，室内的水管常被冻住，洗衣服和烧开水都成了很困难的事情。

当时，军校供给的主食是高粱和小米，因为学校没有像样的食堂，大家在室外围在一起蹲着吃饭。塞外风沙大，一阵大风吹过，碗里就是一层沙土。

与这艰苦环境做斗争，成了这批师生们要打的第一仗。艰苦的生活，严格的纪律，不得不说给了这些年轻人很好的锻炼机会。

▶ 中央人民政府人民革命军事委员会工程学校学员的集体宿舍

03 国内首创　筑梦雷达

张家口军委工程学校按教学性质分为三个部：一部培养电讯人才，二部培养情报人才，三部培养机要人才。

1952年5月19日，中央军委发出通知，成立"中国人民解放军通信工程学院"，原军委工程学校番号于6月1日撤销。学院筹备处成立后，把各个班都变成了系，学校开始向正规的大学过渡。当时学校有无线工程系、有线工程系、报务系，除此之外还成立了雷达工程系。

学院改建以后确定的任务是：培养师级通信主任，培养无线电、有线电、雷达等领域的工程师。1953年2月的学院党代表会议提出，学院的任务是"建设一个适应于正规化、现代化国防通信部队建设的，比较高级的军事学校，以培养各兵种协同作战的通信指挥干部与军事通信工程技术干部为自己的责任"，提出"一切以教学为中心，努力提高教学质量"的方针。

在学院的雷达工程系成立之前，中国的大学里没有雷达专业，至多是一些电讯系的课程与雷达专业的基础课有相通之处。不过，雷达工程系与电讯系有很大不同，早期电讯专业与电力专业一起属于电机系，雷达工程系却是按设备分科的，培养的人才直接为雷达维护与使用服务。

雷达工程系一成立，这批大连工学院电讯系的学生就转入了该系。以大连工学院的三个班为基础，把学生编入了一二三年级。

保铮这一班是第一届雷达生，他被分配到三年级，学号2173。

说到我国第一个雷达专业的建立，毕德显是不可不提的一个人。他同时也是中国雷达工程专业的主要创始人、中国电子学界中最早进行信息论在雷达和通信中应用的研究者。

毕德显有在美国斯坦福大学和加州理工学院学习的经历，他参照这两所学校的雷达课程设计了军委工校的课程体系。

雷达专业当时使用的教材是麻省理工学院辐射实验室编写的一套巨型丛书。为了买到这套书籍，毕德显动用了自己在美国的关系，多次请人帮忙购买。这套书共有28本，直到

▲ 毕德显

139

1954 年才基本购全。与这套丛书的陆续出版、购买同步，毕德显组织教员在翻译、消化的过程中，逐渐地完成了雷达专业的教案，并不断充实。

毕德显对雷达工程系的课程设置和教学思路是：一方面从顶层设计的高度，分析雷达技术、工程的知识体系结构，制订先进的教学计划；一方面亲自参加教学实践，打好基础。在雷达工程系创建过程中，毕德显投入了大量精力培养师资与引进新理论。

公共基础课（16）	政治、军事、俄文、工程画图、工厂实习、物理、化学、数学、理论力学、材料力学、机动学、电工原理、电机、化学电源、内燃机、电子管
无线工程系专业课（11）	无线电理论基础、接收机、发射机、军用机、天线、电波传播、测向、电工电信测量、电报、电话、线路工程
有线工程系专业课（11）	无线电原理、军用机、有线电理论基础、人工电话、自动电话、长途电话、电报、线路工程、电工电信测量等
雷达工程系专业课（14）	无线电理论基础、接收机、发射机、军用机、天线、电波传播、电工电信测量、电报、电话、雷达理论基础、雷达指示设备、雷达接收设备、雷达发射设备、军用雷达

▶ 细分后的各专业课程

雷达专业刚刚起步，在讲义编写、教学等方面都属于开创阶段。教师给这一届学生讲授雷达专业课时，还没有细分独立的专业课程，而是按一门"大课"统一讲授。当然，讲授这门"大课"也有分工。毕德显讲天线理论；吴鸿适讲微波电子学；周光耀讲微波原理；李祖承讲雷达接收机；黄玉珩讲雷达基础等课程。1953 年，第二届雷达生开始上专业课，雷达专业的"大课"才开始细分为许多独立的专业课程。

仅在张家口时期，这个专业就培养出了一大批将军和知名专家，保铮就是其中一位。

1952年6月，张家口军委工程学校正式改制为中国人民解放军通信工程学院。

1953年7月，保铮在中国人民解放军通信工程学院雷达工程系毕业，并留校工作。

◀1987年，保铮与其导师毕德显院士在临潼华清池旁合照

[本文摘自《保铮传》（待出版），有改动]

保铮院士："以人为本"在高校关键是建设一支优秀的教师队伍

　　他有传奇的人生经历——青年时代跟随毕德显院士从大连来到张家口；"文革"结束之后，在封闭风气仍很严重的西电，他是学校第一个担任系主任的知识分子；知天命之年，他主动从副校长岗位退下来，潜心学术；两年之后，他复出担任校长，通过拓宽学科面，倡导教学与科研并重，把学校带入快速发展之路——他就是中国科学院院士保铮教授。

　　保铮院士是西安电子科技大学第一届雷达毕业生，一生致力于中国雷达技术领域伟大事业研究当中。祖国蒙难，山河凋零，在战乱中保铮自幼便立下科学救国的鸿鹄之志。纵观其大学生涯，从南通学院纺织学院主动辍学后，保铮以优异的成绩获得清华大学、大连大学、交通大学和唐山工学院四所高校的垂青，后选择东北，入学大连大学工学院电讯系，师从毕德显院士。1951 年，保铮在恩师毕德显的带领下，和电讯系的同学们集体参军，远赴塞外张家口，并入中央军委工程学校。1953 年，保铮毕业于中国人民解放军通信工程学院雷达工程系，同年留校任教。

　　涉足教坛不久，保铮就在教学和科研上崭露头角。1991 年当选为中国科学院学部委员（院士）。保铮长期从事雷达与信号处理方面的理论研究和工程实践工作，于 20 世纪 60 年代初主持研制成功国内第一台微波气象雷达。70 年代中期以来，他在数字信号处理、统计信号处理、阵列信号处理、自适应信号处理、时空二维信号处理、空间信号超分辨、雷达成像等方面，取得了一系列具有国际影响力的重大成果，这些开拓性成果广泛应用于我国的雷达武器装备中。

保铮院士一生致力于雷达与信号处理方面的科研和教学工作，学术造诣深厚，为我国雷达技术的进步和发展做出了突出贡献，被誉为"雷达裁判长"。

◀ 保铮获"全国高等学校先进科技工作者称号"的证书

从1984年到1992年的八年间，保铮教授担任西北电讯工程学院院长、西安电子科技大学校长，这一阶段，正值中国高等教育沐浴改革开放的春风，步入快速提升和发展之路的黄金时期。2009年5月22日，在西安电子科技大学新科技楼宽敞明亮的办公室里，年过八旬的保铮院士接受了《西电科大报》的专题采访，深情地向我们回顾了他在担任校长期间学校发展过程中的点点滴滴。

西电科大报：从1984年到1992年，您出任学校院长、校长（1988年学校由西北电讯工程学院改名为西安电子科技大学），请给我们讲讲您的这段人生经历。

保铮：关于这个话题，我想讲得稍微更早一点。我的情况大概是这样的：在"文化大革命"之前，我的行政职务是教研室副主任；"文革"期间，被打成"反动学术权威"，关进牛棚；改革开放之后，恢复了正常的教学秩序，我还是当教研室的副主任。

西电原来是一所部队院校，那时知识分子能够当的最大的"官"，就是教研室副主任了，院、系一级的领导，都是老干部，"文革"之前都是这样。到了"文革"以后，改革开放，学校也从部队转到地方上，情况开始有所改变。

1979 年秋，我当时还是教研室的副主任，时任学院党委书记的朱仕朴同志找我谈话，叫我到系里去工作。我说自己没经验，一直推辞不去。后来他说，党委都研究过了，我还是要去。我这个人，组织的决定还是服从的，后来也就同意了，打算去协助系主任邓超同志的工作。

朱书记说不对，他说不是让我去当系里的副主任，是叫我去当系主任。我说主任不是人家邓超同志吗？他说："我们决定邓超当副主任，你去当主任！"就这样，我从教研室副主任变成了系主任，邓超同志则由系主任变成副主任。系领导还有党总支书记蒋炳煌同志，我主要抓教学和科研，其他工作都是他们两位承担。我没有经验，但我们配合得很好。

从这件事情可以看出，当时学校对落实知识分子政策还是很认真的。那个时候，在西电由知识分子当系主任的，我算是第一个，后来又陆续增加了一些。

西电科大报：听说您在后来正式出任院长之前，还当过两年的副院长，中间又退了下来，有这回事情吗？

保铮：有的。1980 年 10 月，我在外地开了几个会后，来到南京十四所参加一个关于远望号雷达的鉴定会,去了以后,人家把我的职务填成了副院长。我说我不是副院长，我是系主任呀。实际上，电子部当时已经对外公开了这个任命，可我还不知道。

这一年秋，落实党的知识分子政策，学校的领导班子作了调整，共有三位知识分子走上了副院长岗位，胡征、王一平，还有我。让我当副院长，没有征求过我的意见，就这样宣布了，我也就服从组织决定当上了副院长。

到1982年，当时强调领导班子"革命化、年轻化、专业化"，学校的领导班子又作了调整，一批老干部从校领导岗位退了下来。那时候我也提出来不再当学校领导。当然，我不是因为年龄，我才五十多一点。那时我想，文化大革命耽误了太多时间，学术上已经落后太远，所以我想集中时间在业务上补补课，今后能真正做点工作。我的老师毕德显支持我的这一想法。后来孙俊人老师也同意了，他当时是电子部的副部长，分管教育。

当年，上级领导来宣布新的领导班子的时候，同意了我的请求，同时说要在大会上讲一讲这个情况，因为好像一个年轻领导干部是犯错误了才下来的。我说最好不讲，不过上级领导在大会上还是讲了。

我退下来，部里领导还是支持我的。其实那个时候这样的事情并不鲜见，报纸上整天都在宣传干部要能上能下。

西电科大报： 从领导岗位退下来一心致力于学术，那您又是怎么重新当上了院长？有什么样的时代大背景？

保铮： 实际上，1982年我从副院长岗位退下来的时候，组织上曾经和我讲过这个话："你现在要下来可以，估计以后还可能让你上去。"我说："以后的话以后再说。"

1984年，部里要在校内挑选一个院长，传说的条件是：最好五十多岁，还要是博士生导师。这不就是说我么？学校当时就两个博士生导师，胡征教授和我，胡征教授年龄超了。组织上要我当院长的时候，一开始我是不敢承担的。我当时想，西军电这个学校，过去有光荣传统，影响也很大，按照我的能力来当院长，有点不太适合。后来，欧阳文副部长找我谈话，说这是组织经过认真讨论决定的，鼓励我要勇于承担。既然领导这么决定了，那我也只好服从。

那时候还有这样一个情况，前院长杜义龙同志一再提出来不当院长，在我面前就说过好几次。他总觉得别的学校的领导都是知识分子，自己是老干部，虽是高工班毕业的，但和当时社会的大环境不适应。

前面提到了，这个时期中央对干部提出了"三化"要求，除了革命化，就是年轻化、专业化，提得比较高。在这样的情况下，我也就勉为其难，来当这个院长。不过我知道自己的缺陷，我这个人比较主观，性子也急；不过呢，我也比较敢干。你要叫我干，除非我不干，否则我还是敢干的。

西电科大报：上任之初，摆在您面前的困难是什么？

保铮：上任后我也意识到了，像我这种情况，干起来也确实有一定的难处。改革开放、以经济建设为中心、落实知识分子政策是中央决定的，但要在具体单位贯彻执行还有不少问题，首先要统一各级领导的认识。那时候处长、系主任基本上还是老干部，不像现在，都专业化了。当然，我的意思不是说老干部不好，他们都是很不错的。我的意思是说，他们更习惯部队的管理方式，对开放型的办学不习惯。这些老干部，在过去都是我的老上级。我在部队是大尉，副营级，他们都是校官，级别都比我高。面对老上级，开展工作有难处。

另外，我们学校的传统是知识分子不当官，现在叫我到领导岗位上去，确实我有难处。

西电科大报：学校当时的情况怎么样，有什么优势和劣势?

保铮: 西军电确实还是有点名气的,作为一所部队院校,它有优点也有缺点。

优点是,学校是在部队里、在战争环境中成长起来的,虽然转业到地方有几年了,但那些革命的优良传统还在。比如说为人民服务的意识、较强的纪律性和艰苦朴素的精神等。这些传统,现在在我们西电还起作用。

同时,部队院校也有明显的缺点,那就是封闭。那个时代,我们国家一直是封闭的。国家封闭,高等院校也封闭,部队的院校就更封闭。这种封闭表现在:部队强调垂直领导,学校跟外界很少联系,和地方几乎是隔绝的,即便跟电子部和同在西安市的高校也是没有来往的,只接受通信兵部领导。由于业务需要,与有关部队和国防电子厂、所有些来往。

西电科大报: 您刚才提到西军电还是有点名气的,这个名气来自哪里?

保铮: 西军电的名气,在"文革"前主要是在部队系统,西军电长期以来为部队培养了大量干部。另外和一些国防电子厂、所也有一些联系。我们学校搞通信、雷达在全国是最早的。作为我们党亲手缔造的第一所工程技术学校,国家对学校是很重视的。早在张家口的时候,毛主席、朱总司令就亲自为学校题过词,多位元帅都曾亲临学校视察和指导工作。1960 年,学校被定为全国 20 所重点大学之一。

校领导班子里的老干部都很好,他们拥护改革开放和落实知识分子政策,勤于工作,勇于负责,很大程度上弥补了我工作上的不足。我们就是这样,团结一致,一点一点地打开了局面,把尊重知识、尊重人才、按照教育规律办学的理念,逐渐在学校树立起来了。

西电科大报：我们知道，您和您的老师毕德显都是从大连工学院调过来的，请给我们回忆一下这段历史。

保铮：这件事大约是 1951 年决定，1952 年初正式调过来的。当时我还是学生，具体情况也是听来的，可能不完全准确。

当时是抗美援朝时期，现代化战争需要雷达，部队要培养雷达方面的技术人才，急需开办雷达专业。当时部队里没有合适的人选，不知怎么就提到了毕德显。说毕德显在美国八年，并在 RCA 无线电公司工作过，搞过微波，懂雷达。

部队当然不能直接去找毕德显。他们就给周总理汇报，说部队里需要懂雷达的人。周总理就问，在我们国家哪里有这样的人？他们就提到了毕德显。周总理问了问毕德显的情况，说那好，就把毕德显调到部队里来。周总理又补充说，光调毕德显一个人还不能起作用吧？是不是把他这个单位整个调过来？就这样，就把大连工学院的电讯系，连教师、学生和仪器设备，都搬到了张家口军委工程学校。

西电科大报：毕德显的加入，对当时的学校产生了什么样的影响？

保铮：大连工学院电讯系的整体并入，对于原军委工程学校产生的影响很大。

因为军委工程学校建立之初，虽然从全国搜罗了一批专业人才，但专业人才还是比较少，因为那时许多知识分子对共产党还缺乏认识。这些人中，有一批 1949 年刚刚毕业的大学生，比如蔡希尧同志等；另外，也请了一批老的教师，比如金有巽教授等。他们中的很多人水平不错，但多数人毕竟是刚毕业，或刚参加工作不久，也没有形成团队。

毕德显从大连带过来的就不一样了，是一个比较完整且水平较高的教学班子。在这批教师中间，从美国留学回来的就有

4位，毕德显、吴鸿适、胡征和周光耀，其他还有相当多的教授、副教授和讲师。这些人到了张家口以后，学校教师队伍的面貌发生了很大的变化，专业人才得到充实。

西电科大报： 除了毕德显率师生加盟外，当时还有其他的力量补充到学校来么？

保铮： 这个时期，也就是1951、1952年的时候，学校不断从外面吸收了很多人。比如吴万春、樊昌信同志等，就是从北京大学毕业分配来的；叶尚辉、谢希仁、汪茂光同志等，是从清华大学毕业分配来的。他们都是高才生。

上个世纪六十年代的时候，学校已经搬到了西安，发展得也很不错。不过和陈赓大将抓的哈军工相比，实力明显较弱。这时候，中央组织部认为还是应该加强西军电的教师队伍，就从地方院校调了一批讲师以上、业务能力比较强的人，充实到学校的教师队伍中，大约有60多位。像肖国镇、陈开周同志等，就是这样的情况。

可见，党和国家对我们学校的发展还是很重视的。在"文革"之前，由于中央重视，学校还是有比较好的基础的。

西电科大报： 当时全国有20所重点院校，其中就有西军电，您如何看待？

保铮： 确实是这样。前面已提到，在1960年全国20所重点高校中，部队院校有3所，西军电就是其中之一。现在我们经常说这个事情，其实这并不代表当时学校的水平。计划经济时代嘛，这个称号是由上面指定的，主要是看单位对国家的重要性，不是靠学校的水平。

当然，学校也是有一定实力的。一方面中央领导比较重视学校，不断通过行政指令调人，学校的师资队伍还是不错的；另一方面，上级拨款也很多，经费比较充足。

西电科大报： 在计划经济时代办学，部队院校在调人这些事情上很方便，在教育教学方面还存在哪些不足之处？

保铮： 当时基本是按照管理部队的方式来管理学校的。校领导级别很高，都是少将、中将，带兵打仗肯定在行，不过在高等教育方面确实不是很内行。怎么按照教育规律办事，还比较欠缺，所以也做了不少错事。比如1958年的教学改革，就批判过牛顿、麦克斯韦，搞得很乱。当时还提出"拔白旗"，毕德显、蔡希尧同志等一批教学上起骨干作用的专家都靠边站了。

那个时候提的口号，现在就很难想象。比如当时提出来的"满堂红"，要求全班学生都得5分（当时实行的是5分制）。又如，要求哪里有学生哪里就必须有教员，教员要围绕学生转，不叫一个阶级兄弟掉队。管理上也是很死的，教研室主任每天晚上都要去办公室，检查教师是否在备课，连到图书馆去都要请假。

部队的纪律性强是好事，不过用它来管理教学是不行的。学术要求自由，因人而异，不能够被统得那么死。后来，我当上院长后就提出：管理上要从严，但教学上要搞活。因此，那些诸如晚上必须去办公室、晚上必须按时熄灯的政策，我都把它废掉了。

西电科大报： 您是怎样一步步改变上面提到的情况的呢？

保铮： 上面已经提到，学校当时的管理很死、很封闭。那怎么改变这个状况，同时又保持优良的传统呢？那时候学校党委书记是丁开政同志，副书记是井连庚同志，还有副院长蒋炳煌同志，他们三位都是老干部，我依靠他们比较多，他们对我的支持也很大，鼓励我放手工作。当时我们认为学校既然"下海"了（指从部队转到地方），就要学会在海里游泳，要按地方大学的方式来做。把管理过死的做法都废除，提出"管理从严，教学搞活"。当时虽然将不少知识分子提到各级领导岗位上来，但老干部还是主要的，如何处理好他们之间的关系是很关键的。举几件小事说说。

一是工资。以前学校一律按照行政级别拿工资的时候，我没有老干部拿得多，更没有院领导拿得多。改革开放后，教师按高教级别，我的工资排到好多老干部前面去了，一下子工资比他们高了好几级。不过他们都非常通情达理，不计较。

二是住房。那时候学校开始盖新宿舍。为了落实知识分子政策，分新房子的时候，我提出先给教授分，老干部稍微晚一点。这个政策蒋炳煌给系、处领导讲的时候，下面拍案而起的都有，说："你们要不要老干部？"蒋炳煌也厉害，你拍桌子，他也拍桌子，还质问对方："作为老干部，难道这点照顾知识分子的政策都不懂吗？"住房的问题之所以这样决定，主要有两个方面的考虑。一则老干部的住房条件本来就好些，一般住的是三间套，而教授、副教授原来的条件就差一些，给他们分房子无非是为他们在生活上创造好一点的条件；二则不是不给老干部分房子，只是晚一些罢了，无非是个先后的问题，楼还是要继续建的。

在工作中有不同看法时，校领导班子里的老干部都很好。到了后来，开会宣布某些敏感的知识分子政策时，他们经常叫我不要说，他们来说，这其实是在保护我。

在西军电时期，学校的主要工作是培养学生、抓教学。我上任以后，提出要抓科研，甚至提出教学与科研并重。我们做的工作——把专业面拓展，把科研工作抓起来——到后来都有了较好的成效。

我在当校长期间，给自己立了个规矩，我说我不能离开教学，每年必须上一门课，这一直坚持到我离任之后。

西电科大报：为了快速提升学校教学水平，您当上校长之后，都采取了哪些措施？

保铮：把学校教学水平搞上去，确实很难，好在学校的基础还比较好。我们采取了如下措施：

一是跟上形势招收研究生。改革开放以后，高校开始招收研究生，博士、硕士点的建立要由全国学位委员会评审通过。八十年代初期，学校只有两个博士生导师，胡征教授和我。博士点只有通信与电子系统学科这一个。一直到1986年，叶尚辉教授拿到机械学科的博士点，同时又增加了电路、信号与系统的博士点。这样学校的博士点才增加到了三个。我们把博士点建设放在重要地位，通过它来提高学科水平。此后，我校博士点数有了较快的增加，一些学科的水平也得到了相应提高。

二是把学科面适当展宽。当时我们意识到，我校的电子学科领域在国内高校里有一定优势，不过学校的学科面太窄了。我们就想把学科面适当展宽。当然要像综合性大学那样展得很宽，是难以做到的。怎么展宽？要选择与电子关系密切的学科，如机械学的电子机械。要培养高水平的博士生，必须给他们打好基础。数学、物理都要加强，特别是数学更要加强。所以我们的数学系成立比较早。后来，物理学科也成立了系，并都较早地建立了博士点。

三是抓教学的同时抓科研。在西军电时期，学校的主要工作是培养学生、抓教学。我上任以后，提出要抓科研，号召教师不能光搞教学，教学以外还要搞科研，甚至提出教学、科研并重。当时还没有认识到提高科研水平本来就是高水平大学的任务之一，只是认为教师只有通过科研才能不断提高学术水平，以及提高分析问题和解决问题的能力。教师这两个能力不高，怎能教出高水平的学生？

西电科大报：推行这些举措的过程中，遇到阻力了吗？

保铮：不久以后，就有人开始批判我们，说我们校领导有"三重三轻"：重科研、轻教学，重理论、轻实际，重专业、轻基础。这个帽子扣得是够大的，而且是一些骨干提出的。

我就公开反对这种提法。这个帽子扣不到我脑袋上。我一直从事专业基础课的教学，而且工作量很大，也得到了学生们的好评。至于实践，我参加工作前三年有一半的时间在实验室工作，后来多次到研究所和工厂参加产品研制，解决了不少实际问题，得到了那些单位的好评。我敢说我对教学和实际都是重视的。当然，如果说学校在某些课程上不够重视实际，这是可能的，应当改正。如果以此而概括西电的全貌，就有问题了。

实际上，他们的批评不符合学校全面的情况。如果说西军电这个学校重理论、重科研，那么有影响的科研成果有多少？理论水平表现在哪里？实际情况有点反过来，我们的教师还比较重视实践，许多教师到有关厂、所能够解决一些实际问题，不过理论方面应该说是相当欠缺的。除了个别学科外，在一些学术刊物上很少见到我校教师发表的文章。我校教师编写的教科书是比较多的，但专著很少。由于在理论成果方面的欠缺，影响了博士生导师评审的通过。重视理论方面的研究，多出理论方面的成果，正是当时西电亟待解决的问题。

我们认为科研与教学、理论与实际、专业与基础都要重视。根据当时学校的状况，我们特别提出重视科研和重视理论基础是非常必要的。我们做的工作——把专业面拓宽，把科研工作抓起来——到后来都有了较好的成效。应该说，后来3个国家重点实验室的建立，为学校科研工作的长足进步起到了较大作用。

西电科大报：1985 年正值全国高校教学改革之际，学校招收了一批免试的本科生，您对此怎么看？

保铮：我不主张免试。我总觉得当时对待高考的做法确实有问题，不过没有更好的办法代替。我认为所谓的推荐上大学，在当时社会风气条件下，第一年、第二年招生估计问题不大，可能还能按条件办事，招得比较好；再继续这么搞下去，人家花样就多了。所以，我不主张搞推荐免试入学。不过上面叫我们搞，那我们还得搞，只是强调要注重质量，抵制不正之风。

西电科大报：不得已而为之，或者有些措施明显与当时的政策有出入，这样的例子有吗？

保铮：有的，比如捐资助学。八十年代的时候，毕业生的工作去向还是由组织分配的，我们的毕业生比较受欢迎，不少用人单位争着要，有的单位甚至提出来要给我们一些资助。在是否接受这种资助的问题上，有人有不同的意见了，说我们是在卖学生，他们还提出国家教委有文件，不准搞有偿分配。

我说这怎么叫有偿分配呢？我说这是两回事。他资助我办学，也是产学合作，我们在分配方面稍微有些倾斜，这也是应该的。因此我说，资助我们办学的钱，我敢接受，就把这钱收了。收了以后，我叫财务处单独设立账目，说这是人家资助办学的，只能作办学用，不能用来发奖金。

总之，有好多事情，即便与上级要求有些不符合，只要合理，我还是敢做的。红头文件太严格，有些事情管得太宽，根据实际情况适当改一改，我还是敢负这个责的。

类似的例子，还有就是关于工资调整的事情。有一次，人事处告诉我，上级下文件，要调整工资，其中有一条规定是，某年毕业的就可以调，晚一年的就不行。这个政策下来以后，学校里许多教师有意见。

那时候，大学基本上分为四年制和五年制两类。一般大学是四年制，重点大学都是五年制。按照这个政策严格执行的结果是：同一年的高中毕业生，重点大学毕业的不能调，一般大学毕业的反而可以调。

我找人事处、财务处，问他们这样合理不？他们说这不合理又有什么办法？当时学校还有点钱，我说就用我们自己的钱发！他们说这个跟文件不符合，我说我来负责。后来也就这么调了。过了一年，上面又来了新的文件，和我们的做法一样。

这是我们国家计划经济的产物，有些具体的事情，上面管得太死了。面对这些问题，我们自己不做点主也确实不行。只要本着怎样把工作搞上去，我们还是要敢于自己做点主！

当然，这只是一些具体的小问题，是"个案"。在一些涉及全局的大问题上，只能根据上级的规定办，不可能自行其是。

西电科大报：做这种事情，需要勇气和魄力，更需要领导有一身正气。当时社会环境怎么样？学校自身的情况怎么样？

保铮：我做校长期间，一心想把学校风气搞正，不过在有些问题上，限于环境和形势也有真没办法的时候。

那时候社会上流行送礼，逢年过节得去火车站、民航甚至是部里送礼，否则平时买票就难，办事就难。下面办事的同志就把这个情况反映到我这里，问我怎么办？我考虑到，不让他们送的话，今后事情会不好办。我说有两个原则：一是不能够太过分，我们不要搞得比人家特殊；二是学校内部一定不能够送，不许给校领导送，任何单位都不许相互送。

再比如在住房问题、水电费收取、暖气费补贴等生活细节上，我都建议即便是校领导，也要照样收，不搞补贴。我始终认为，在生活方面，学校领导千万不要搞特殊，这些地方我们学校做得还比较好。

西电科大报： 八十年代全国高校改革力度很大，涌现出了一批快速发展的学校。当时，我们除了在科研、教学上下功夫之外，还采取了哪些措施？

保铮： 还有就是在教师队伍建设方面，我们也做了一些工作。比如按照国家要求，派遣访问学者出国，等等；此外，我们选了一些苗子，就是从教师里面挑选一批人，进行特殊培养。

我记得那个时候，在讲师当中挑选了 8 个年轻人，比如有梁昌洪、葛德彪等，进行重点培养。

西电科大报： 您担任校长的 8 年间，感觉学校发展最大的困难是什么？

保铮： 暂不讲建设师资队伍、提高学术水平等大问题。学校在维持正常运转中的问题就不少。比如说我们在经费方面就非常困难。后来我也检讨，我有点保守了，不敢去银行贷款。例如南区的地，我就没敢买。我往部里跑得相当多，大多是为经费问题。拿大礼堂的修建来说，上面突然下文件，说大礼堂不能盖了，可当时我们地基都已经挖了。我就去北京告诉部里，我们不是搞"政绩工程"的楼、堂、馆、所，学校确实需要这个礼堂，因为学校连开会的场所也没有，最后总算把它给跑了下来。

还有，我们争取几个国家级重点实验室也不容易。ISDN是国家重点实验室，樊昌信教授花了很大力气，是先成立的，靠的是世界银行贷款。后来，国防科工委认为这些国家重点实验室作用还是比较大的，应该在国防科技方面也建立一些国防科技重点实验室。

为此，国防科工委和国家计委商量，计委也同意了，不过按照老办法，通过世界银行贷款是做不到的，因此，只好自筹经费。就这样，国防科工委通过逐步搞试点的方式，在航天、航空、舰船、兵器、电子五个领域，各搞一个试点。电子方面的就定到我们这里了，这就是雷达信号处理国防科技重点实验室。

因为没有世界银行贷款，国防科工委只能够给我们仪器设备的费用，其他费用则需要主管单位负责。当时，国防科工委给了我们700万仪器设备费，让电子部也配套700万解决场地问题。国防科工委支持力度很大，不但给足了700万仪器设备费，其中300多万还是按美金给的（当时外汇采取双轨制，"外汇额度"是值钱的），不过电子部的经费很久没有完全到位。

因此，我们的实验室建设的人员和设备齐备以后，请国防科工委来验收，他们不同意验收，说要等我们的工作场地齐备后再验收。就这样，为了老科技楼的建设，我们只得不断跑到北京去，跑了很多趟，非常难。最后，总算因为有这个重点实验室在，把老科技楼建起来了。

我们学校在电子部的那几年，确实很困难，经费很紧张；后来到了教育部，改善了好多。

学校隶属电子部，在科研工作的开展方面却是有很大优势的，当时学校的科研项目许多来自电子部。因为一些主要的电子科研院所和企业也都属于电子部，学校与它们的关系比较密切。当时，学校与国防科工委、国家自然科学基金委的联系也很密切，这些都对学校科研工作的开展起到较大的促进作用。

西电科大报：当时主要的困难就是经费方面的困难吗？与同时期其他高校相比，西电的长处在哪里？缺陷在哪里？体现在哪些方面？

保铮：在维持学校日常工作正常运转方面，经费方面的困难大一点。如果谈到学校的发展，问题就多了。如我们学校的学科面比较窄，我们的老专家也比较少。

以改革开放之初为例。你知道那时候学校的教授、副教授有多少吗？教授就 1 位，就是胡征；副教授有 15 位，还是把我和樊昌信算进去的。我和樊昌信是 1977 年特批的副教授。我们的专家数量实在太少，和其他高校不好比。

但是我们有很多年轻的好同志，水平还是不错的。不过，因为学校过去在理论方面不是很重视，缺少论文。而评职称时人家要全面看，理论方面必须要有论文，我们的一些教师就是吃了这个亏。譬如，那时博士生导师是全国统一评审的，我校在北京评审通过的博士生导师就很少。

西电科大报：是不是那个时候，学校教师做研究、发表论文的风气不是很浓厚？

保铮：相当淡薄。那时发表论文多一点的团队，只有肖国镇他们的团队。"一肖二王"，他们搞密码学和信息论，还是搞得不错的，在外面也是有点名气的。

我自己发表论文比较早，这跟我的老师毕德显有关系。毕德显老师很早就叫我们写论文，我在 1956 年的时候，就跟他写过论文。上世纪六十年代《电子学报》试刊时，毕老师就叫我去投稿。因此，当了系主任之后，我就鼓励教师要搞科研，要将成果整理成文章发表。

西电科大报：您鼓励教师写文章，当时是怎样认识这个问题的？

保铮：我重视文章是由于文章的重要性。我们搞科研，不查找大量文章和资料、了解国内外动态，行吗？论文的作用是大家所认同的，将自己研究的成果写成论文发表是一种贡献。我主张高校搞科研既要出实际成果，也要出理论成果，理论成果主要表现在发表论文上。为此，我认为学校必须重视科研。

当时我还没有认识到从事科学研究本来就是研究型大学

的任务之一，只是认为作为一名教师，提高理论水平是很重要的。

我当教师多年，还是比较受学生欢迎的。实际上，我当教师的条件并不好。教师应该口才好，可我说话还有点结巴，我口才不好，板书也写得不好，这些是我明显的缺陷。不过我比较受学生欢迎，他们说我讲得比较深、比较透、比较活。

一个教师怎么才能够讲得比较深一些、比较透一些、比较活一些呢？杨振宁主张要有洞察力。洞察力是什么呢？事物的表面现象通常是比较复杂的，你要能够从复杂的表面现象看到它的本质，那就叫洞察力。教师要想做到深、透、活，洞察力是必要的，而且要教会学生如何提高洞察力。

另外，有人说，一个教师要给人家一杯水，自己得有一桶水。这一桶水是什么呢？我认为有两个方面：一是实践。因为我搞的是电子线路，光看书本是不行的，要能够解决实际问题。我在实验室工作了3年，实验和教学时间对半。我的老师毕德显培养我的动手能力，我自己也体会到这确实很重要。二是理论不能够只停留在现有的课本上。因为学生是初学，课本的理论不能太深，实际上相关方面的理论要深得多。教师如果也只停留在教科书的水平上，显然是不够的。

后来，我就提出来了，作为电子线路课的老师，得有四门基础。一个是线性网络，一个是非线性振荡，再一个是随机过程，最后是半导体电路（当时主要讲电子管电路，半导体电路只是作简单介绍）。只有这样子，才有可能把理论教学搞好。我自己是这么想的，也是这么抓的。

"以人为本"在高校的关键是建设一支优秀的教师队伍。学校必须通过一套有效的办法，把优秀的人才吸引进来。年轻人，只要方向引导正确，他们自己勤于学习，勇于创新，上去还是很快的。

西电科大报：您刚才提到学校的学科面窄，面窄有没有优势？

保铮：学科面窄，是我们的缺点，不过盲目扩展是不行的。我认为，我们学校主要应办出特色来。在电子信息方面，西电有一定的优势，要致力于优上加优，办出特色来。

以学位与研究生教育学会主办的学科排名榜来说，我们的几个优势学科排得还是比较靠前的，有的还位于前两名。

在国内的高校里，军事电子领域我校的优势还是比较明显的，我们和有关研究所的联系很密切，研究所对我校比较信任。

西电科大报：类似的评审在1984年的时候好像也有一次，当时是分片评审的，对吗？

保铮：有这么回事，我还参加了。不过那次是硕士点的通信与电子系统二级学科的评审，不涉及博士点，因为当时全国的博士点还不多。

1984年的这次硕士点的通信与电子信息学科评审，全国共分为三个片：南方片、北方片和其他片。我是南方片评审组的组长。南方片包括东南大学、上海交通大学、南京邮电学院、华东工学院、解放军通信工程学院、南京航空航天大学、中国科学技术大学等高校；北方片主要是北京和东北的高校；剩下的都是其他片，西电就在其他片中。

这次评审的结果是：北方片第一名是清华大学，南方片第一名是东南大学，其他片第一名是西电。

西电科大报：改革开放之初，西电生源质量很好，在西安地区的本科录取分数线常名列前茅，在全国也不差，是吗？

保铮：是有这样的情况。不过后来，东部发展越来越快，东西部差距越来越明显，这样的情况就少了。

1984年，我刚刚招收博士生的时候，从中国科大、清华、上海交大都有来考我博士生的学生。我们小小的电子所，光从中国科大考来的就有四五个，现在反而没有了。为什么呢？我分析原因是：改革开放之初，全国高等教育水平都差不多，东西部差距也不是那么明显，生源流动性较大，西电在电子学科方面还有点名气；改革开放多年之后，东西部差距逐渐加大，影响了我国西部高校的发展，好生源不愿意再到经济相对落后的西部来了。

西电科大报：东西部发展差距还给学校带来了什么问题？

保铮：上世纪九十年代的时候，我们人才流失得很厉害，直到1998年才逐步恢复，可以吸引外面的人才回来，许多优秀的博士毕业生也愿意留校工作了。我认为，现在是我校狠抓教师队伍建设非常有利的时期。

西电科大报：您怎么看待当前学校师资队伍建设，以及国家整个的教育氛围？我校青年教师比例越来越大，您如何看待这个问题？

保铮：我给学校领导建议说，高校"以人为本"关键是建设一支优秀的教师队伍。学校必须通过一套行之有效的办法，把优秀的人才吸引进来。当前更要把自己培养的优秀博士生留下来，还要使他们成长好。

当前，国家在经济方面和外国比较，虽然量是上去了，但我们的质和发达国家是不好比的，在高教、科技方面就差得更远了。

我认为对青年教师要多鼓励，更要严格要求。要他们觉得自己还是很不够的，要努力上进。客观上还要有一定的压力，而我们现在的问题是压力不大。我给年轻教师讲，你们评教授我从来未提反对意见，因为学校只能根据全国的大气候办事，大气候是什么样子，学校只好照样来做。如果学校自立标准，（你们）非碰得头破血流不行。

我有的学生毕业才几年，已评为博士生导师，还不到30岁。在美国有这个可能吗？这是不可能的。不过我给他说，你就是人家助理教授的水平，应该看到自己的不足，继续努力向上，这才是最重要的。

一般说法是，25岁到45岁是人生当中精力最旺盛、创造能力最强的黄金时期。年轻人这时还是不成熟的，要抓紧这段时间努力提高自己，敢于创新，争取做出好的成绩。我觉得目前我们学校存在的问题是，不少年轻人上进心不强，教授当上了，已经满足了。当然有上进心的人还是有的，只是普遍来讲情况不太好。这与当前的机制很有关系，缺乏竞争机制，压力不大。

西电科大报：从八十年代到九十年代学校能够快速发展，当时的基本经验是什么？

保铮：首先还是依靠了党的政策。改革开放、尊重知识、尊重人才，提高了教师的积极性，学校取得快速发展，我认为这和把教学、科研定为工作中心是分不开的。改革开放初期，教师、学生都是从"文革"时期过来的，改革开放是一次新的解放，破除了许多压制知识分子的条条框框，教师和学生的积极性很高，学校普遍发展很快。现在情况不同了，青年人为"70"后"80"后，没有上述的经历，实际上要建设现代化的发达国家，任务还很艰巨，要与时俱进做好工作。

西电科大报：您对学校目前的发展还有什么建议？

保铮：人才建设方面还是要好好抓。当然学校领导也有领导的难处，比如淘汰制，就很难推行。不过我觉得教师队伍建设首先要把住进口关，新教师的进入要严。

回想上世纪五十年代，学校基础非常薄弱，不过新进的教师都是从几所有名高校毕业生中挑选来的，都是那一届的优秀者。比如，前面说的吴万春、樊昌信，是北大来的；叶尚辉、谢希仁、汪茂光，是清华大学来的。我们自己学校留下的，也都是班上学习最好的。正因为那个时候学校坚持这样做了一段时间，才积蓄了一批人才。他们在后面很长时间里都发挥了很好的作用。

上世纪九十年代的时候，我们是留不住人的，没办法，待遇太低。通常说：事业留人、感情留人、待遇留人。没有一定的待遇，一个月400块钱，能把人留住吗？不过现在不一样了，现在很多博士生都想留在学校工作。在这样的情况下，我们就要好好把住进人关。把人才队伍建设好，现在正是时机。

西电科大报：您刚才提到很多有名教师都来自别的学校，您是说外来的人优于自己培养的吗？

保铮：广开门路，能够博采众家之长，那是好事情，不过也不能说本校的不行。我前面提到的那些名教授，他们确实都是从外面来的，不过本校毕业留校的同样也有很多出色的，早期的有吴大正、张以杰、戴树荪、王育民、王新梅、刘增基等，还可以举出很多。近年来，教育部评选"教学名师"，我校在前三届里各有一名教授当选，他们都是本校毕业的。所以，不是说自己学校毕业的就一定搞不好，我看还不是这样。相反，考虑到当前的形势，外招优秀毕业生很难，选留本校的优秀博士毕业生可能是建设优秀教师队伍的重要方面。

西电科大报：非常感谢保院士能够接受我们的采访，能不能谈谈您对学校宣传工作的看法？

保铮：那我就顺便提一点意见。我觉得宣传部要把学校的报纸、电视、网站办得学术气味更浓一些。比如我们获得的国家科技奖励、几十个新世纪创新人才，都应该好好宣传一下。现在我们宣传的气氛中，学术味较为淡薄。我看中南大学寄给我的报纸，他们刊登的学术动态的报道很多。他们得了什么奖，有了什么成就，都是彩色的，印得很漂亮。

比如说"全国百优论文"，即便是提名奖，也不简单。一年全国有好几万博士毕业，要几百个里面才挑一个，提名奖也是百里挑一的。我们都应该好好报道一下。我总觉得，应该营造一个浓郁的学术氛围，使大家都向上走，现在好像都是在关着门搞。因此我觉得，学术方面的许多好事情把它登出来，能够对全校教师起到激励作用。

保铮大事年表

1933 年，就读于大王庙小学。

1935 年，在城北小学读三年级。

1937 年，在南通第二小学读五年级。

1939 年，就读于南通公立中学。

1944 年，就读于私立河海工程专门学校。

1948 年，就读于南通学院纺织学院纺织科。

1949 年，就读于大连大学工学院电讯系。

1952 年，就读于中国人民解放军通信工程学院雷达工程系，获学士学位。

1953 年，留校任教。历任教研室副主任、系主任、副院长。

1978 年，主导研制的"DGC 埋地电力电缆故障测试仪"与西北电讯工程学院的"沃尔什函数雷达图像传输设备""968 机载干扰机""HX101 –D 型流星余迹与电离层散射通信设备"，及西北电讯工程学院合作完成的成果"DJS–183 计算机"荣获全国科学大会奖。

1984 年，任西北电讯工程学院院长（西安电子科技大学校长）。

1988 年，荣获五一劳动奖章、全国先进教育工作者，其"抑制有源干扰的空域滤波——自适应天线旁瓣相消"荣获国家科学技术进步奖三等奖。

1989 年，"可编程雷达信号处理机与低速目标检测技术"荣获国家科学技术进步奖二等奖。

1990 年，荣获全国高校先进科技工作者荣誉称号。

1991 年，当选中国科学院学部委员（院士）。

1992 年，荣获光华科技基金特等奖。

1999 年，荣获何梁何利基金科学与技术进步奖。

2019 年，荣获"庆祝中华人民共和国成立 70 周年"纪念章。

院士当年亦青春

当年亦

第六篇

王越院士
求学记

王越（1932年4月1日—），男，江苏省丹阳人，我国著名的雷达与通信系统专家。1956年毕业于中国人民解放军通信学院。1991年当选为中国科学院学部委员（院士），1994年选聘为中国工程院院士。

王越长期从事火控雷达系统、信息系统及安全对抗领域的研究工作，直接推动了相关国防科技领域的发展，曾荣获国家科学技术进步奖一等奖、全国科学大会奖、何梁何利基金科学与技术进步奖等。

1993年担任北京理工大学校长后，王越将主要精力投入到高水平大学建设和人才培养上。王越既是国家级教学名师，又是国家级精品课程、国家级精品教材、国家级优秀教学团队的负责人，还承担了教育部精品视频公开课的建设任务。此外，王越还担任过全国大学生电子设计竞赛组委会主任，曾不遗余力地指导拔尖创新人才培养工作。王越数十年如一日地坚持对教育教学投入，他领导的教学改革项目获得了高等教育国家级教学成果特等奖，以他为带头人的"信息安全与对抗"教学团队获首批"全国高校黄大年式教师团队"等殊荣。

团结、勤奋、求实、创新是北京理工大学的校训 我觉得它对抖技界有永恒之意义 愿以此共勉！

王越

九八六.

1932 年 4 月，王越出生于江苏丹阳的书香世家。1935 年，随父至天津英租界。初中就读于天津有名的中学——耀华学校（今耀华中学），高中辗转至上海大同大学附中二院就读，毕业后考入大连工学院，1952 年跟随电讯系转入中国人民解放军通信工程学院学习，1956 年毕业于该学院的雷达工程系。

01 少年立志　锲而不舍

▲ 1950 年，刚入大学时的王越

1944 年，正在读初中的王越首次感受到无线电波的伟大和神奇，便立志长大后要报考无线电专业。抗战时期，在日本人的控制下，沦陷区的天津人民根本收不到收音机短波波段的消息。王越父亲的一位朋友家里的收音机的短波波段旋钮没有被完全封死，所以大家经常去这位朋友家听广播，其中包括昆明广播电台转播的美国电台、太平洋上的美国电台、重庆电台等，这样大家就得知日军正在节节败退，东南亚和太平洋诸岛已经一个个收复了。当父亲把这些消息告知家人时，一家人欢呼雀跃，顿时对抗战有了必胜的信心。王越回忆道："在民族存亡的危急时刻，人们总要千方百计地寻找希望和出路，无论精神上还是其他方面。当我得知从短波（波段）收音机里能够收到来自抗日前线的胜利消息后，我第一次感受到了短波无线电的伟大和神奇：长大以后，我要学无线电。"

1950 年夏天，王越高中毕业。他的目标非常明确，就是选择无线电专业，那是自初中以来就坚定的理想。

无线电专业研究的内容属于电子信息领域，而电力、输配电、发电机、电动机等专业或课程所涉则属于强电范畴。中华人民共和国成立以前，中国没有一个大学明确设立电讯系，无线电专业一般都设在电机工程系，强电和弱电不分，当时的清华大学、交通大学均是如此。

王越填报志愿之前也费了一番脑筋，他详细了解了各大学无线电专业的师资、实验条件等，经过慎重考虑，最终选择了大连工学院，理由有三个：一是它是全国第一个成立电讯系的大学；二是当时它的电讯系师资力量非常强，专业的领头人是毕德显先生；三是它有一套全国很少有的做电子管的试验线，可以自己做电子管。

既然选定了目标，就义无反顾地走下去，这是王越学术生涯中表现出来的锲而不舍的精神。报考志愿的时候可以填报21个志愿，王越却只填了一个——大连工学院电讯系。

1950年，教育部号召各大学实行联合招生或统一招生，或在大区内实行统一招生，当年上海和东北区联合招生，并把考试科目设定为国文、外国文、政治学、数学、中外史地、物理学、化学等七科，每门课程的满分是70分或80分。王越的入学考试成绩如下：

政治学 54分，国文 50分，中外史地 36分，物理学 62分，化学 51.5分，数学 40分，外国文 43分；总分336.5分。

这个成绩还算不错，大连工学院电讯系在上海地区招21个人，王越总成绩排名第7。

王越在大学学习期间，全身心投入，以致在多年以后，他依然清晰地记得毕德显、王大珩等先生给他们授课时的场景。

在回忆毕先生的课时他说："当时系里为了加强基础，开设了毕先生亲自授课的电磁学课程（自那以后工学院很少开这门课，但少数理工结合的学校之后又开设了这门课），这是一门较难的基础课，其中很多概念和定理，非常普适和基础，但由于其概括性强，所以较为抽象，学生掌握和应用都较难。

毕先生上课，速度不快，语调平和，深入浅出，课堂内容很容易接受，但课后一看，讲义多达近20页，还留有习题，每一题都要利用基本概念和定理，并要绕弯子才能得以解决。

当时我任课代表，记得有一天下午，三节自习课过去一大半，毕先生布置的三道习题全班竟无一人做出，我只好去求教毕先生。他和蔼地说：'真的难吗？卡在哪里呢？你给我公式。'

我便就我所想给出两个公式，毕先生说："这不行，你再给！"我又提出两个公式，他微笑着说："差不多了，你过 15 分钟再来吧。"

我想毕先生这是在测试我又是在提示我。20 分钟后我再去教师辅导值班室时，毕先生已将三道题全部解出，的确就是利用已讲过的基本概念和定理，绝没有超出内容，这使同学们恍然大悟：基本概念和定理是这样用啊！这就是名教授'炉火纯青'的基本功，并且在这个过程中启发学生思考问题。"

02 转校参军　学习雷达

1948 年 5 月，为了迎接全国的胜利，中央组建了华北电讯工程专科学校（简称华北电专），这是解放区最大的一所工程技术学校。1949 年春天，中央军委发出通令："拟即举办一所机要通信干部学校……并附设高级研究机构。"

周恩来副主席、聂荣臻代总参谋长立刻命令解放军第四野战军副参谋长曹祥仁奔赴华北，以原来的华北电专为基础，筹备军委工程学校（也称中央军委机要通信干部学校），一方面到张家口建校舍，另一方面去北平、天津、上海、杭州、长沙、广州、济南、沈阳、南京等地物色教师。

经过努力，共聘请到教师 59 人，其中正副教授 15 人，还有日籍、苏籍教师 4 人。仅这些教师仍然不够，学校想了很多办法。当时还临时从国民党起义军军官中选调了部分军官做教员，但部队组织装备、部队通信保障毕竟是涉密的，所以各方面工作开展受到很大限制。同时从指挥系高年级抽调了几十名学员，组成速成班，经过短时间准备，就承担起了教学任务。

1951 年年底，国家政务院做出决定，大连工学院电讯系全体师生连同设备全部调到军委工程学校。1951年12月的一天，大连工学院电讯系全体师生突然接到去大礼堂集合开会的通知，会上军委总参谋部通信部罗若遐副部长宣读政务院的命令，将大连工学院电讯系并入中央人民政府人民革命军事委员会工程学校第一部。电讯系全体师生听到这道命令之后，又惊又喜，惊的是这一消息来得颇为突然，喜的是可以成为光荣的人民解放军中的一员了。在抗美援朝的影响下，大家参军热情很高。从小生活在沦陷区的王越，更是渴望能保卫祖国，打击敌寇列强，所以积极要求入伍。但是并不是任何人都有资格成为其中一员的，在去张家口之前，学校进行了严格的政审，不少同学被淘汰下来，只好退学了，也有少数几个不愿参军的同学被开除了。

◀ 1950年，中央人民政府人民革命军事委员会工程学校政治部所在地

在去张家口之前，王越接到通知，参军的同学可以在去军校前和家人见一面。当王越得知从大连出发的专列会经过天津时，他非常激动，立刻给母亲写信，约定好和母亲在天津车站

会面的时间。父亲王百先当时在上班，不能随意请假，很遗憾地错过了跟王越会面的机会。参军后，王越就没有回过家，也很少和家里进行书信交流，直到大学毕业。

从大连工学院到军委工程学校，不仅仅是换了一个学习的地方，更重要的是身份的转换，王越从此成为一名光荣的革命军人。加入中国人民解放军后，王越的大学生活发生了很大变化。一到张家口，学校就进行入伍教育和思想改造，让学生首先感受到军校大学生与普通大学生的区别，穿上军装就不能再像普通大学生那样随便说话办事。

部队实行严格的军事监管制度，有严格的纪律约束，比如站岗、笔记保管制度、跟家里断绝经济来往等，部队明确规定，入伍后不能再用家里的钱。这对于王越来讲是一个极大的锻炼。

1950年王越刚上大学时，由于父亲是银行经理，家庭收入属于城市中上等水平，所以不能享受助学金，生活费都是家里资助。1952年2月参军后，生活必需品都是部队供给，切断了家里的一切经济支持。部队的生活培养了王越服从于国家需要、社会需要的作风，所以在以后的生活和科学研究中，只要是国家需要的研究项目，王越都会全力以赴努力去做。

▶ 王越伏案工作

174

这次转校，王越不仅仅是身份上发生了转变，学习专业也发生了变化，由民用无线电转为军用雷达。

据王越的班主任李文璞[47]老师讲述，国家原计划是让清华大学和北京工学院先成立雷达专业的，但是这两个学校当初没有接受这个任务，所以王诤部长说："既然没有人搞，我们来搞。"于是就从大连工学院调集人才力量，到中国人民解放军通信工程学院创建雷达专业。

[47] 李文璞（1932年3月—2021年7月），男，原籍河北，1954年7月，加入中国共产党；1949年9月，参军入伍，在军委工校六大队学习；1950年，转入二大队机务班学习；1952年，担任雷达系2班班主任；1954年，调保密处任保密员；1956年，调入训练部担任秘书等工作；后调入西北电讯工程学院院办；1983年，任院办公室主任；1992年离休。

◀ 中央人民政府人民革命军事委员会工程学校校址

20世纪50年代，国家在十余所高等院校和一批中等专业技术学校开设了雷达专业，这些学校成为培养雷达专业人才的摇篮。1952年，中国人民解放军通信工程学院设置雷达专业，这是中国最早设置雷达专业的大学之一，王越也由原来的无线工程系转到了雷达工程系进行学习，开始专攻雷达。

毕德显是王越进入雷达研究领域的带路人。王越没有读过研究生，六年的大学生涯，毕先生在学术上给予了他重要的影响。特别是毕先生开设的雷达原理、天线和半导体物理学等课程为王越日后从事雷达研究工作奠定了坚实的理论基础，同时也培养了他对国际电子学前沿技术的敏感性，不断地将新的技术进展应用到新雷达设计中。

王越的大学读了六年，寒假只有很少的几天，根本谈不上长假，暑假顶多也就是两个星期。大学六年他仅在1951年暑假回过一次家，1952年学校从大连迁往张家口的途中，在天津火车站与母亲见过一面。

1954年，王越的妹妹王超去苏联留学，他向学校申请回家探亲，学校没有批准。六年的时间，他几乎把所有的精力都用在学习上，他对于学习的理解不仅仅是会做老师出的题目，而是积极思索，从原理上理解所学内容，并学以致用。大学的学习为他日后的研究工作打下了坚实的基础。

大学四年级时，吴鸿适先生教微波电子学这门课程，吴先生课讲得很生动，深入浅出。有一次上课他提出一个比较深奥的问题，没有人举手回答。王越当时也在积极地思考，基本原理和思路已经很明确，但是最终答案还没有解出来。

吴先生点了王越的名，王越便分析了那道题的基本原理、解题思路和解题过程，吴先生说王越的思路是对的，但是解题过程有点问题。下课后，同学们都去吃饭了，王越却拉着同学张范基研究那道题的解题过程，最终两个人得出了正确答案。期中测验的时候，吴先生恰恰出了那道题，全班只有王越和张范基答对了。

曾于1952年担任王越所在班级班主任的李文璞这样评价王越："王越不是死读书的人，他思路开阔、理解能力强，担任多门课程的课代表，提出的问题比较深刻、尖锐。虽说他学习成绩不是班里最好的，但是思维敏捷，能举一反三，在班级里绝对是一流的。考试的时候，他的答题步骤太简单，有时也会出一些符号方面的小错误，所以有时拿不到满分。"

王越大学时候喜欢踢足球，大冬天经常在操场上长跑。他的400米成绩也是很不错的。

正像李老师所说，王越在班上思维非常活跃：课程刚刚讲到第三章，他就已经开始思考第四章的内容了；当线路走不通或出现噪声时，他就会考虑问题的根源在哪里。最开始他的基础理论知识还不够丰富，有些疑惑并没有得到很好的解答。当所学的知识能够解答自己的困惑时，他就会立刻兴奋起来，进一步思考更深刻的内容，求知欲非常强烈。

强烈的求知欲和善于思考的学习品质使王越在大学期间保持了很好的成绩，并分别在1952年2月、1955年9月和1956年2月三次获得通信工程学院颁发的国家学术优秀奖。

从王越大四、大五的成绩单中我们可以看出，与雷达相关的课程均为5分或4分，包括天线及电波传播、雷达接收传播、雷达指示设备等，可见他的聪明和努力。

▲ 1955年，王越获得的"国家学术奖金"证书

王越1953—1954年第二学期各科考试测验成绩

政治	俄文	无线电发射机	电波传播	雷达指示设备
3	5	4	4	5

王越1954—1955年第二学期各科考试测验成绩

内燃机	中共党史	雷达接收传播	天线及电波传播	军用无限电机
5	5	5	4	4

◄ 王越1953—1955年两学期各科考试测验成绩

◄ 王越在中国人民解放军通信学院毕业成绩单

除了接受雷达专业知识训练外，王越在思想上也经受了历练。通信工程学院严谨的思想政治工作、张家口艰苦的生活环

境，把王越锻炼成一个钢铁般的战士，使他有足够的坚忍毅力去应对日后生活和科研工作中的艰苦环境。

从大连工学院去张家口时，王越班里有52人，毕业时却只剩下25人。一门课不及格就要被退学，生病缺考也不行。据王越讲，班里有一个叫刘廉昌的女同学，在大四考试前生病了，她住在大境门疗养院休养，王越曾受命到那里给她补过好几次课，结果考试时没法参加，学校就让她退学，她只能转业走了。

03 卓尔不群　一心向党

王越是一个积极向上、对学习和工作都充满热情的人，但他却是全班最后一个被批准入团的人。主要原因是他思路开阔，往往不受束缚，让老师和同学感觉他很自大。

▶ 王越班级合影

从小熟知孔孟之道的王越，真可谓"知者不惑，仁者不忧，勇者不惧"，他真诚、热情地给同学补课、讲解疑难问题，遇到是非问题，从不让步。

对于老师和同学提的意见或建议，王越很愿意接受，并能改正；但如果王越不认同，他就会坚持己见，从不退缩，因此不可避免地和同学之间会有一些争执，虽然这些争执是对事不对人，但还是给老师和同学们留下了"自大"的印象。

从小生活在殷实之家的王越，喜欢比较西式的娱乐活动，例如打桥牌、踢足球等。这些爱好让老师和同学都感觉他身上带着小资产阶级的味道。

刚入学时，王越把一辆英国产的自行车带到了大连工学院，在大学的注册处，这个推着英国名牌自行车、帅气非凡的新生吸引了众人的目光。

据王越的一位大学同学讲，这辆自行车曾带给王越不小的麻烦。嫉妒是小事，在那个年代，这辆自行车还给他戴上了一顶铺张浪费的帽子。

鉴于以上原因，王越的入团问题迟迟没有解决，直到大学快毕业，全班三分之二的同学都已经是党员，班长找王越谈话，说："全班党员比例很高，团员就差你一个就满堂红了，你要努力啊。"

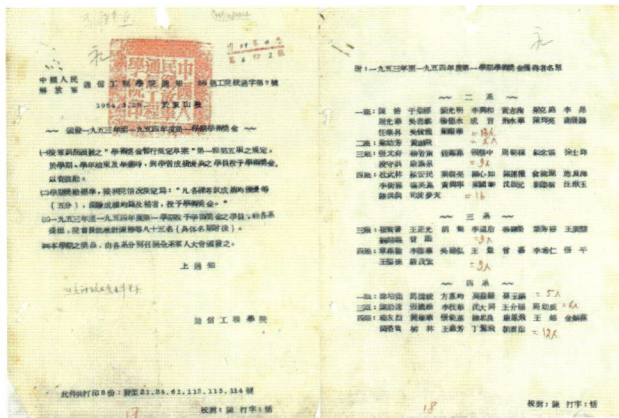

▶ 王越获 1953—1954 年度第一学期学术奖学金

在大学的最后一个学期开学之初，也就是 1956 年 2 月，经沈梅琴同学介绍，王越终于加入了中国共产主义青年团，成为一名团员。

入团以后，王越在政治上有了更高的追求。1956年大学毕业前夕，王越向党组织郑重提交了入党申请书。但是由于家庭成分问题和复杂的社会关系，他的入党之路有些坎坷。

1956年7月，王越大学毕业了。那个时代，专业技术人才极为短缺，为了使高层次人力资源的配置能够最大限度地与国家发展的目标一致，国家对大学毕业生采取指令性分配。在国家统一分配政策和分配计划的约束下，毕业生与用人单位之间是"一个萝卜一个坑"的搭配关系，毕业生和用人单位都没有多少选择权。

▶ 中国人民解放军通信工程学院雷达系50级参军50周年合影

1956年毕业前夕，王越收到学校的通知，让他做好准备去苏联留学。当时苏联的科技基础是令国人仰慕的，所以当班主任通知王越让他做好准备去苏联留学时，他心中充满了喜悦。

王越的妹妹1954年去苏联留学了，他也想去看看分别了几年的妹妹。1956年9月至11月，王越在国营南京720厂设计所实习，完成实习之后，王越从11月至次年7月在北京二机部十总局赴俄培训班里学习俄语，准备出国，一同去的还有班里的张范基、吴廷赞、黄国昌等人。

在赴俄培训班里，除了学习俄语外，还要做一些出国前的准备，比如办理护照、签证、服装置备、预订火车票等，一切准备就绪。

但1957年上半年，中苏关系突然紧张起来，导致留苏人员数量剧减，国家也调整了人员派出结构，采取"多派研究生，一般不派大学生"的方针，这样王越的留学计划也就"夭折"了。1957年，王越到西安786厂[48]报到工作。

[48] 786厂，即黄河厂。1953年筹建，1958年建成投产，是我国电子军事装备的重要生产基地。

◀ 1960年10月，786厂特殊设计所模范团小组合影（后排中为王越）

"失之东隅，收之桑榆。"留苏受挫，但王越很快就迎来了一桩美好的婚姻。在720厂实习期间，他结识了终生相伴的夫人——於连华。几经周折，这位漂亮的南京女孩舍弃了南京优越的生活，跟随王越来到西安，他们于1958年结婚。婚后，於连华被调到786厂检验科工作。

[本文摘自，吕瑞花、韩露主编：《没有盲区的天空：王越传》，第7-57页，有改动]

初心不改 坚守讲台
——访两院院士、通信与信息系统专家王越

　　与两院院士、通信与信息系统专家王越见面时，他身穿一件朴素的衬衫，精神矍铄，讲话逻辑严谨、旁征博引，丝毫看不出已是 87 岁高龄。直到现在，他仍然坚持每周都走上北京理工大学的讲台，亲自为本科生讲授"信息系统与安全对抗理论"课程。每次讲课时，他都精神饱满，"一连讲三节课都没事"。

　　谈及为何选择通信与信息系统研究作为毕生的事业，王越回忆，小时候住在天津，当时日本侵略者把短波波段全部切断，只有长波，长波传送不远，所以伪政府就在当地吹嘘"战功"。但他父亲的一位朋友家里收音机的短波波段旋钮没有被封死，可以听到远距离的电台，就得到了很多信息，知道日军在打败仗，东南亚和太平洋诸岛已经一个个收复了。由此，王越顿时有了抗战必胜的信心。"我当时就感觉无线电对老百姓太重要了，上了高中后学习之余，我就会搞些无线电。报考大学时本来可以报很多专业，但我只报了一个——大连工学院电讯系。"王越说。

　　"大连工学院电讯系的创立在国际上都是比较早的，系主任是毕德显先生，他是当时全国三个一级无线电教授之一。"王越至今仍由衷敬佩大学里遇到的这位老师。

　　1951 年底，全国高校进行院系调整，为集中力量培养军队通信技术干部，有关部门决定组建中国人民解放军通信工程学院。1952年初，毕德显带领大连工学院电讯系师生离开大连，来到张家口，加入中国人民解放军的行列。同年，以毕德显从大连带来的大连工学院电讯系为基础，中国人民解放军通信工程学院雷达工程系正式成立，王越就是该系的学生。"当时，我们的训练非常严格，一门课考试不合格，或者由于生病等原因没有参加考试，就会被淘汰、清退。我们进校时是50多人，毕业只有25人。"大学阶段练就的这种扎实的基础，让王越受益终身。

见证我国军用信息技术从白手起家到蓬勃发展，研制"中国第一台火控雷达301系统"，开创多项中国乃至世界第一……大学毕业后，王越长期从事火控雷达系统、信息系统及其安全对抗领域的研究工作，直接推动了相关国防科技领域的发展。虽然经历了无数次坎坷与困难，但他始终没有放弃对事业的初心与坚守。

王越说："信息对抗领域的问题，如果解决不好，国家就会受到损失，部队的战士就有可能为此付出生命的代价，战略任务的完成会受到影响。所以要在奋战的过程中找办法，要靠意志、靠基本功，也要靠技术、靠工作方法，还要靠群体的协作和努力。"

1993年，在炮瞄雷达研究所担任所长的王越受命担任北京理工大学校长。着眼于国家对信息安全的迫切需要，经过反复论证，王越率先申请在学校武器类专业中增设"信息对抗技术"专业。1998年，在得到教育部批准后，北理工成为国家首批成立该专业的四所院校之一，为中国信息安全专业培养人才打下了良好基础。

没有团队就自己组建团队，没有教材就自己写教材，像当年的毕德显一样，王越也开始了自己的"白手起家"。"这个专业从20世纪90年代末开始招本科生，现在一年招80多人，开两个班，也有一些研究生。相信随着信息化社会的发展，这个专业还要长期办下去并加以提升、发展。"王越说。

"信息系统的服务功能和安全性能是一对对立统一的矛盾，不能一味强调安全性能而忽视服务功能，否则就会被社会抛弃。同时，如果安全性能得不到保障，服务功能越多，越会反受其害。比如，美国现在强调的赛博空间的攻击，如果电网受到攻击，不能正常运行，后果不堪设想。所以信息安全、信息系统的管理和控制，实际上关系着社会的正常运行，任重而道远。因此，在信息系统学科群里，开设信息安全和对抗这一分学科是十分必要的。"王越说。

2018年9月，在第34个教师节到来之际，王越获得北京理工大学"懋恂终身成就奖"。他当场表示将捐出本次奖金，设立专项奖学金，用于支持学校教育事业的发展，特别是本科生的基础教育。

在采访过程中，除了对自己所从事专业的热爱之外，王越深厚的传统文化修养，给记者留下了深刻印象。他说："中华民族是一个伟大的民族，创造了博大精深的传统文化，我相信中华民族伟大复兴必定会实现。"

▶ 2003年，王越参加学术活动（左四为王越）

王越大事年表

○—— 1937 年，就读于天津耀华学校（小学）。

○—— 1947 年，就读于大同大学附中二院。

○—— 1950 年，就读于大连工学院电讯系。

○—— 1952 年，就读于中国人民解放军通信工程学院雷达工程系。

○—— 1957 年，任职于国营 786 厂特殊设计所。

○—— 1978 年，荣获全国科学大会奖。

○—— 1980 年，任兵器工业部（后兵器工业总公司）研究所所长。

○—— 1988 年，荣获国家科学技术进步特等奖。

○—— 1989 年，荣获国家科学技术进步一等奖。

○—— 1991 年，当选中国科学院学部委员（院士）。

1992 年，荣获"国家有突出贡献中青年专家"称号。

1993 年，任北京理工大学校长。

1994 年，当选中国工程院院士。

1999 年，荣获何梁何利基金科学与技术进步奖。

2001 年，荣获高等教育国家级教学成果一等奖。

2002 年，荣获国防科工委科技进步奖一等奖。

2005 年，荣获高等教育国家级教学成果特等奖。

2006 年，荣获国家级高等学校教学名师奖。

2009 年，荣获高等教育国家级教学成果二等奖。

2018 年，带领的教学团队荣获首批"全国高校黄大年式教师团队"殊荣。

院士当年亦青春

第七篇

张锡祥院士
求学记

张锡祥（1933 年 5 月 19 日—），男，中国工程院院士，我国雷达对抗技术专家，1959 年毕业于中国人民解放军通信兵学院雷达工程系。1999 年当选中国工程院院士。

张锡祥于 1959 年任职于中国人民解放军总参通信兵部对抗处，曾任电子对抗参谋；1963 年，到国防科工委十院十九所工作；1965 年至 1966 年，在四机部十院十九所工作；1979 年 1 月，在电子部十院二十九所工作；1982 年至 1988 年，担任电子部十院二十九所副总工程师，并于 1983 年加入中国共产党；2002 年，在中国电子科技集团二十九所工作。

张锡祥是我国雷达有源干扰领域的学科带头人，20 世纪 60 年代，主持研制了反百舌鸟导弹雷达附加器样机；70 年代，主持设计了我国第一代地对空干扰机并装备部队；80 年代，主持研制了我国第二代地对空干扰机，设计定型并装备部队；90 年代，再次主持设计了第三、四代地对空干扰机的研制工作。张锡祥在电子对抗技术研究和部队装备方面做出了突出贡献，曾先后两次参加了我国不明空情分析工作，找出原因并进行了实验验证。

我的少年儿童时代是在抗日的游击区和解放区长大，
我的高中和大学是在中国人民解放军的军校中学习的，
可以说：我是中国自己培养的电子对抗专家。

一个战累的取得，是由新多因素决定的，主要的
因素是饮于的培养，同事们的帮助，个人的努力；
一定的机遇和选择。在个人的努力中，可以说98%
是助奋和2%的灵感而取得的。

人生的道路是曲折的，机遇和选择是存在的，
遇到的麻烦和困难也是必然的，只要有信心和决心
克服前进道路上的困难，就能为国防和今级与
自己的立志有贡献。

现在纵观已纪之交的国际形势，仍然是机遇大于
挑战，但是局部战争随时可能发生。在自己的有生
之年，争取为国防现代化多做些贡献。

张锡祥
2000年10月23日.

1933年5月，张锡祥出生于山西省文水县。1939年，张锡祥就读于东堡村小学。受时局影响，直到1947年，张锡祥才到文水中学读书。1949年7月，张锡祥来到北京，进入民国中学读书。1950年，张锡祥作为插班生进入北京劳动中学读书，并于1951年7月毕业。此时，抗美援朝战争爆发，国家第二次号召抗美援朝参军，张锡祥参军入伍。随后，被分到了张家口中央人民政府人民革命军事委员会工程学校一部五班学习，自此开启了他的大学生涯。

01 志存高远　塞外参军

抗日战争时期，张锡祥生活的地方处于日伪政府统治之下，物资非常匮乏，教育水平也很低。

1949 年，张锡祥 16 岁了，母亲觉得他应该像父亲一样出去经商赚钱养家，于是就让她的弟弟，也就是张锡祥的舅舅带他去北京。当时张锡祥的舅舅在北京做点小生意，经常往来于北京和文水之间。

1949 年 7 月，张锡祥的舅舅带着他从文水出发，走路连带坐火车，一共三天三夜终于到了北京。其间张锡祥生平第一次坐上了火车、第一次看到了电灯、第一次……很多的第一次让他产生了强烈的好奇心和求知欲，他特别想搞清楚火车为什么能跑，电灯为什么会亮……于是他特别地想学习知识，搞清楚这些神奇现象的原理。张锡祥的舅舅看他非常爱学习，无心经商，就让他到民国中学学习。1950 年，张锡祥作为插班生进入北京劳动中学读书，并于 1951 年 7 月毕业。

在入读仅一个月后，作为学生方阵中的一员，张锡祥参与和见证了中华人民共和国开国大典。"在开国大典的前一天，老师给我们班上每个同学一面小红旗，上面有五颗星星。抗美援朝战争爆发时，我们都不认识这是什么旗子，老师告诉我们，这是中华人民共和国的国旗，当时我们虽然不懂这意味着什么，但是内心知道这是好事，我们特别激动。"

1950 年 10 月 19 日，中国人民志愿军雄赳赳、气昂昂，跨过鸭绿江，拉开了伟大的抗美援朝战争序幕。

张锡祥是山西抗日地区出来的，见过日本人在中国土地上烧杀抢掠的暴行，有着极高的报国热情。

抗美援朝战争爆发时，张锡祥正在读书，甚至准备着再一次跳级，突然听到毛主席"抗美援朝，保家卫国"的号召，他激动了，他问自己：是不是终于到了报国有门的时候？他时刻准备着报名参军。

行动最快的是学校。为了支持伟大的抗美援朝战争，北京劳动中学组织了规模浩大的游行活动，声援前方作战的将士。大家按照游行的路线边行进边整齐划一地喊着口号："唇亡齿寒！""抗美援朝，保家卫国！"希冀让自己的声音传遍全世界。

1951 年 1 月，国家曾号召过参军，但时间很短就结束了报名，张锡祥当时学习比较紧张，不知道报名的事。1951 年 7 月，国家第二次号召抗美援朝参军时，张锡祥毅然决然地报名，应征入伍。

张锡祥本来想初中毕业后，就去当一名火车司机，而且考试已进行了一门。火车司机是张锡祥非常向往的职业，他对火车这个庞然大物能够快速奔跑有着浓厚的兴趣，这源于他从山西来北京坐的那三天三夜的火车。张锡祥心想，等打败美国兵后，再当火车司机也不迟。

报名参军的队伍排得很长，张锡祥静静地成为其中一员。很多热血青年有家长陪同，张锡祥却瞒着母亲和祖母，像一棵青松挺立在报名队伍中，从从容容地报了名。张锡祥的年龄、身体素质，还有他的文化水平，都是志愿军非常需要的，他一报即中。

张锡祥被批准加入中国人民解放军，同一批参军的学生居然有 10 万余人。他打量着身上的军装，回想着八路军在东堡村训练时的英姿，捡了根木棍当刺刀，来了几个漂亮的刺杀动作，赢得了围观者的一片喝彩。他期待着上战场，期待着用自己的钢刀狠狠地捅向敌人。

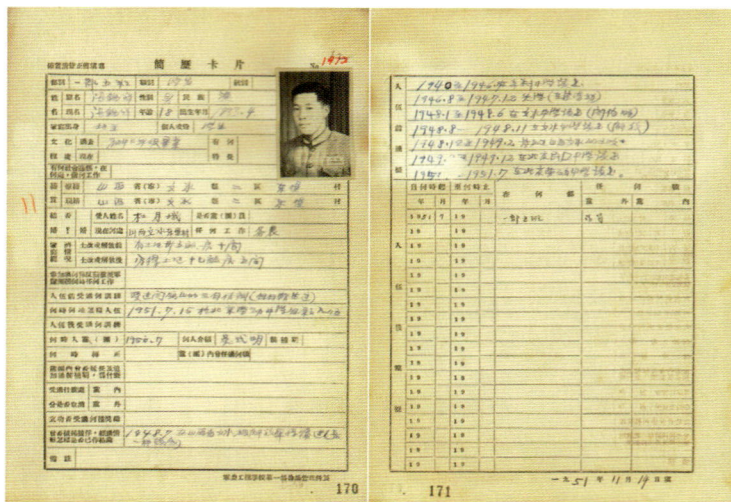

▶ 张锡祥简历卡片

凡是在北京参军的学生都在北京大学集中，随后分到不同的部队。一身戎装的张锡祥，被分到了张家口中央人民政府人民革命军事委员会工程学校（简称军委工校）一部五班。在军委工校一部，张锡祥每天除了训练就是学习。他认为：军人就得服从指挥，上战场之前，先好好训练，把钢枪擦亮，再把靶心瞄准，随时听候国家的调遣。

02 入学军校　意气风发

▲ 张锡祥

军委工校一部驻扎在张家口的东山坡，但由于参军来的人太多，东山坡住不下，因此张锡祥所在的一部五班被安排在西山坡驻扎。

西山坡是一个地名，它坐落在河北省张家口市的西面。张家口三面环山，南面开阔，就像一个簸箕，西面为西山坡，东面为东山坡，北面有座大景门，出了这个门就是通往内蒙古草原的大通道。

张家口是我国解放战争时期最先解放的一座大城市。在解放战争时期和中华人民共和国成立初期，有许多解放军的机关、医院和学校建在这里。军委工校在解放战争后期也搬进了这座城市。

当时，军委工校是中国人民解放军唯一的一所技术性学校，为解放军培养了众多技术人才和技术管理干部。

"张家口"三个字，张锡祥太熟悉了，虽是第一次来到这块土地上，但他的父亲张利，至少有十多年时间在这里谋生。张锡祥休息的时候，会一个人出去走走。沿着父亲当年走过的路，他似乎能嗅到父亲生前留在这里的气息。

中华人民共和国成立之初的各个军校，都是在一张白纸上建立起来的，条件非常艰苦。张锡祥所在的西山坡就更艰苦了。

第一顿餐饭，就让张锡祥见识了西山坡的清苦。所有学员打了饭菜后，一律蹲在地上吃，连一张板凳都没有。尽管如此，大家仍然互相打趣地笑着，蹲着把饭吃完。

西山坡这块驻地曾是日本人的骑兵营，原日本兵住的房子成了张锡祥他们的住房。一部五班有100多人，相当于一个连的编制。这些新入伍的学员来自五湖四海，比如北京、天津、上海、广东、广西等。

因为当时普通话还未普及，南北方的学生交流时，用的大都是自己的家乡方言。来军校任教的老师，都是从全国抽调来的教育界精英，但有些老师的方言同样也得让学生连猜带蒙，有时犹如鸡同鸭讲，能闹出很多笑话，给艰苦的学习条件平添了不少乐趣，倒也不失为一种不错的生活佐料。

张锡祥一口山西文水话，在北方学生中还行，遇到南方学生就得慢慢讲，以尽量让人听懂。

一部五班有 5 个区队，一个区队设 3 组（相当于班），一个组有 12 名成员。张锡祥这个组里，他是 18 岁，算年龄较大的，其他人大多是十六七岁，还有少数是十四五岁，甚至有些学员还戴着红领巾。

张锡祥这个组开始时由一位来自广东的同学当组长，由于他到北方不习惯，经常生病。老师一看，这不行啊，得选个身强体壮的同学。老师的眼睛在学员中扫了几眼，身体素质不错的张锡祥就自然而然地进入了老师眼帘。

张锡祥当了组长，这一当，也就当到底了。

张锡祥参军的头几个月是进行政治学习，军校要解决学员们的人生观、价值观和为人民服务等许多思想问题。学员们每天除了政治学习外，还要进行军事操练，一天过得很紧张，也很充实，当然也很累，所以基本都是倒床就睡。

刚入军校时，每人每月发一块钱生活费，就这点津贴，张锡祥一年能挤出十块钱寄给母亲，他觉得母亲在家会比他辛苦百倍。后来，张锡祥在军校的津贴涨到每月四五块。

初入校，张锡祥和同学们听得最多的是政治报告，并且必须到东山坡去听。因为东山坡是军校的大本营，机关和领导都在那里，与张锡祥因为抗美援朝而同期参军的大部分同学也在那里。因此每次听大报告，张锡祥他们就得由西山坡穿过市中心来到东山坡，一走就是10多里，来回就是20多里。

经过市中心的时候，部队要求全体学员的步伐整齐划一，张锡祥每次列队行走，都是雄赳赳的。因为老乡们拥军的那种气氛总能让他们热血沸腾，既振国威，又扬士气，所以，来回20多里地，学员们也感觉不到疲累。

◀ 中央人民政府人民革命军事委员会工程学校学员列队上课的场景

洗衣服也是军校一大特色。张锡祥从小就有很强的独立生活能力，洗衣服对他来说是稀松平常的事。但军校是个大家庭，集体协作、互帮互助是最大的特点，大家分工明确：有人负责洗被子，有人负责洗床单，有人负责洗衣服、袜子，这些活肯定多数是女生干；有人负责挑水（没有自来水），挑水是重体力活，当然是男生干得多。张锡祥经常冲在最前面，一担水横在肩膀上，走起路来脚下生风，就像一个成竹在胸的老农民，挑着担子阔步向前。

1953年7月，张锡祥由当时的预科班转入本科班。那时学校还在张家口东山坡。学校从1954年开始招地方的高中毕业生，当时他们转为本科班时的班称为"534"班，指53年进入本科一年级，"4"是四系的意思，这是军委工校成立雷达工程系的第一个班。刚成立的时候，"534"班有60名学生，其中40名男生，20名女生。后来来了苏联专家，说苏军没女兵，因此，领导把20名女学员转业调走了，"534"班就只剩下了40名男生。当时，又由于工作的需要，调出一些学生当干部，又有一些学生因为社会关系或是有海外关系的原因，转业调出了。再后来又有3名同学被打成右派调出了。到毕业的时候，"534"班领到了毕业证书的学生就只剩下了19名。"534"班是由1951年7月参军的初中毕业生或是高中一年级的学生组成的，因此，这个班是补习了一年半的预科才转入本科的。张锡祥是初中毕业参军的，因此也在预科班学习了一年半。"534"班的学生大多是来自北京、天津、广东的重点中学的学生，因此是当时通信工程学院里最优秀的一个班。他们平均年龄最小，平均学习成绩最好，文体活动最活跃，这是这个班的优点。张锡祥在这个班算年龄较大的，也是农村来的，文化底子薄，所以他集中精力、认真埋头努力学习。班里人称他是文体活动的"死角"。由于刻苦努力，张锡祥的学习成绩不论是平时考试还是年终考试，大部分是5分，偶尔才会出现4分。总之，他的学习成绩一直处于全班前五名。

03 军工报国　亦作先生

张锡祥入校的头几个月，时间安排得很紧，听报告、学习讨论、思想总结、看电影，每周还有一次生活检讨会。

◀ 中央人民政府人民革命军事委员会工程学校图书馆

生活检讨会定在每个星期六的晚上开，检讨过去一周有哪些地方做得不好，提出来，加以警醒和改正。

时间过得特别快，不知不觉中几个月就过去了，张锡祥觉得时间不够用，有段时间连给家里写信都忘了。

有一次，母亲张王氏托人给军校领导写来了信，以为张锡祥出什么事了，这么长时间没有消息。有趣的是，领导反过来还给张锡祥做工作，说再忙也得给家里写信，别让家人惦记。

为了弥补这个无心之失，张锡祥慌忙提笔，向家人问安并道歉。

民以食为天，吃饭时也是乐趣多多。在西山坡吃饭，每周都有食谱，一个星期，吃两次米饭、两次肉包子，其余就是小米饭。

许多同学是南方来的，吃不惯小米，每周就盼着两次大米饭，遇到吃大米饭的时候就使劲吃，恨不得一次就把两天的饭吃完。

北方的学生，每周就等着两次肉包子，有时小伙子们还进行吃包子比赛，二两一个的包子，有人可以吃8个。如果不限制，还可以吃得更多。

没有食堂，米饭和包子就露天摆放，一个组打一盆菜，大家围成一圈，很快就把饭菜吃光了。

张锡祥的适应能力特别强，虽是吃小米长大的，但随遇而安，南北方饮食他都吃得惯。遇到大家疯抢包子的时候，他也是慢吞吞地取自己的那一份。剩有多的就再取一点，没了也就罢了。张锡祥在这些方面，一点也不讲究。

5个月的政治学习很快过去，还要进行思想总结，谈谈通过政治学习，自己在认识上有哪些提高。

坦率地说，通过几个月的政治学习，同学们在思想上的确有很大提高。譬如，许多同学把家里给他们的金表、金条都交给了组织，让组织拿到国家更需要的建设中去发挥作用。这些"大户"同学纷纷表决心，一辈子跟着共产党。这是很了不得的转变！

张锡祥看着这些黄灿灿的金表、金条，那是他18年以来从未近距离看过，更别提摸过的宝贝。作为贫穷家庭出身的学员，他自嘲地苦笑起来。

政治学习结束的最后总评比，张锡祥所在的小组被评为"进步组"。同学们问张锡祥怎么庆祝，张锡祥说，中午在食堂多喝一碗小米粥！

"抠门！"大家指着张锡祥组长，哈哈大笑！

各项评比尘埃落定，张锡祥以为要让他们上战场了，可学校又来了一次复习测评，说是进行分班前的考试。

▶ 1951 年 12 月，政治学习时张锡祥组被评为"进步组"（后排右二为张锡祥）

这次考试的题目很不一般，从初中毕业生到大学一年级的学生，全部考同一张试卷，最后根据得分的情况进行分配。初中毕业的学生，考 40 分算满分；高中毕业的学生，考 80 分算满分；大学一年级的学生，考 100 分算满分。

张锡祥作为初中生，考了 40 多分，理所当然算满分。

可是，张锡祥心里在嘀咕：既然大家要上战场，花这么多时间学文化课干什么？应该多学打枪瞄准才对。莫非不去朝鲜战场？莫非大家不是为抗美援朝而准备的兵员？

突然有一天，教官似乎看穿了各位学员的疑问，终于说出了创办这所军委工校的初衷。教官明确告诉所有学员，大家都当不了志愿军，来到这里，就是为了给国家培育军工人才、输送军工人才。这比上朝鲜战场更重要，这里的学员学成后，将来发挥的作用可以以一当万、当十万、当千万！

包括张锡祥在内的所有学员，都是满腔热血准备上战场的，听说不可能跨过鸭绿江，虽有失落，但更多的是认识到了自己肩负的神圣责任——原来自己所学专业这么重要！

张锡祥很快调整心态，并告诫自己，虽然遗憾当不了志愿军，但至少是中国人民解放军中的一员。遵守国家纪律和保守国家秘密，是一名军人最基本的担当，军人以服从命令为天职，既如此，那就心无旁骛，扎实学好国防知识，做一名合格的、卓越的军人吧！

要分班了，得了满分的张锡祥被分配到预科班学习。大家留在西山坡，开始了正式的学习生活。

▶ 张家口时期学员在教学楼前边走边讨论问题

要上课了，却没有教室，就用日本兵养马的地方当教室。有的教室没有桌椅，大家就自己动手，弄来些木板，自己钉桌椅。养马的地方除了有个顶棚外，四面都是通风的。学员们自己动手安上窗户，糊上白纸，即使这样，还是四处漏风。

张家口的冬天特别冷，一般在零下十几度，甚至零下二十度。在马棚教室里生一个火炉子，可以供点热气，但还是冷得发慌。老师讲课学生记笔记时，钢笔尖上会结冰，大家就把笔尖放在嘴边呵几口热气，等笔尖上的冰融化，再接着写。

因为心中都有一团为共产主义奋斗终身的理想之火，所以没有一个同学喊苦。后来教官说的一句话，着实让每个学员吓一跳：几十个农民交的公粮，才能供养咱们军校一个学员的开销。

张锡祥一听，想起了自己的农民家人，刹那间就挺直了腰。农民的无私奉献可亲可敬，不能拿农民的汗珠子打水漂。学，就要学出个名堂。尤其是明白了军校未来的道路和方向后，张锡祥觉得肩上的担子沉甸甸的！

在西山坡的马棚教室读了一个学期后，1952年全体学员搬到了军校的大本营——东山坡。虽然那里的环境也很艰苦，但比西山坡好得多——毕竟有正规的教室、食堂，还有文体活动的场所。

当时雷达专业还是新兴学科，除了毕德显教授等少数几位老师外，很多老师都没有学过专业课程，给张锡祥他们上专业课的都是非常有名的教师。他们有的是参军后调到军委工校的，有的是大学毕业后直接留校任教的，还有从浙江大学、中山大学等名校调过来的。在张家口，周围环境比不上大城市，条件还很艰苦，这些教师却从来没有因为从大城市到山沟而闹情绪。

当时毕德显教授给同学们讲雷达原理，丁鹭飞教授上雷达实习课，保铮教授讲脉冲技术，蔡希尧教授也给同学们上过课。名师授课，张锡祥感觉终身受益，这些老师们渊博的知识、敬业的精神让学生们佩服不已！

是军人，就得训练，就得学会在各种恶劣环境下如何生存，如何战胜敌人。张锡祥不知参加过多少次野外训练，例如，所有人都被闷罐汽车拉到野外，甚至是无人区，然后全部被赶下去，不能借助任何仪器，只能靠自己的努力，设法回到学校。他们得学会夜观天象，从一团迷雾中找到正确的返校方向。

军校的预科班，每个班就是一个区队，有30多名学员。

参军的时候因为文化程度不同,张锡祥所在的这个区队的学员,按入学的文化程度来讲,多数是高中一二年级的学生,也有一部分是初中毕业的学生。大家合编在一个学习班,从高中一年级的课程开始学起。部分初中文化程度的同学觉得编班不太合理,就找到张锡祥商量:"人家高中生与我们编在同一个班,起点会比我们高很多,我们岂不是起步就落后人家了?"

张锡祥笑着说:"成功看的不是起点,是终点!我们一直处在追击别人的状态,动力不一样,最终一定会超过人家的。不信,咱们走着瞧!"

张锡祥的自信心爆棚,也感染了初中级别的同学们,大家的手掌叠在一起,齐声吼道:加油!

▶ 1953 年秋,中国人民解放军通信工程学院雷达工程系"534"班在张家口东山坡合影(最后排右三为张锡祥)

1953 年,中国人民解放军通信工程学院决定从预科班中挑选一部分优秀学员上本科班。当时学院有三个技术系,即有线工程系、无线工程系和雷达工程系。张锡祥被选送到雷达工程系,按教学课程计划,将于 1958 年 8 月毕业。

雷达工程系开班时有 60 名学员,其中 40 名男生,20 名女生。这个班的学员由抗美援朝志愿参军的北京男四中、女一中和北京的其他中学，还有天津、上海的一些重点中学及全国其他重点中学最优秀的学生组成。他们共同的特点是好胜心强、思维活跃、年龄较小。

后来由于全国都在学苏联，军队要正规化，不要女生，军校就把雷达工程系的 20 名女生调到其他学校去学习，只剩下 40 名男生。接着由于多种原因，又调走一些同学，让他们参加别的工作，雷达工程系全班最后就只剩下 20 多名学员。

这就是中华人民共和国雷达工程系的开系元老！

军校与地方上的其他学校一样，每年也有暑假和寒假，但与地方大学不同的是，一般不准学员回家，就在学校休息或自学，三年才批准回家一次，每次约 20 天。张锡祥在军校读了 8 年书，只回过两次家，一次是 1953 年，另一次是 1956 年，每次都没有超过 20 天。

◀ 1955 年，中国人民解放军通信工程学院"534"班学员（前排左一为张锡祥）

爱读书的张锡祥把这些假期都积攒起来。所以，在正规的 8 年学习中，张锡祥相当于有效学习了 11 年，也将生命多挤出了 3 年，这使他的学习更加扎实，提高了举一反三的能力，为后来在国防事业上做出重大贡献打下了坚实的基础。

1958年8月，本科的课程按计划已经学完，当时学校又要从张家口搬到西安，没有时间安排毕业典礼，就给张锡祥他们增加了一个毕业设计，到工厂去实习。

　　1958年10月至1959年4月，张锡祥被学校分派到西安786厂搞毕业设计。该厂当时主要生产炮瞄雷达，角度自动跟踪和伺服系统是该厂的主要分系统。

　　张锡祥被分在伺服组进行毕业设计，毕业设计的任务是搞"角度惯性跟踪"的分系统（雷达丢失目标后，还能再按原速度、原方向自动跟踪20～30秒）。这个系统就是当雷达丢失目标信息后，能以原方向自动跟踪30秒。

　　张锡祥接到这项任务后，就全力以赴地投入工作中。他住在实验室，吃饭在食堂，昼夜连轴转，实在太困，就在桌子上趴着睡一会儿。

　　这样，张锡祥仅用了十多天的时间，就把方案设计出来了。他向指导老师汪传义汇报方案时，汪老师大为吃惊，问他参加工作多少年了。

　　面相老成的张锡祥说："我还没有参加过工作，现在正临近毕业，被派到你们厂来搞毕业设计。"

　　汪传义如实告诉他："我们全组人进行角度惯性跟踪设计，搞了一个多月也就相当于你现在搞的这个水平。"

　　张锡祥听了，不知道说什么才好，最后说了一句："可能是我一个人在实验室，昼夜思考效率高一些吧。"汪传义赞许地向他伸出大拇指，问他是哪里人。张锡祥说是山西文水人。汪老师"哦"了一声，说那是个出人才、出英雄的地方。张锡祥听了，心里特别自豪。

　　从此，汪老师对张锡祥在技术上更信任，或者说更依赖。后来，汪传义干脆就把自己带的几个实习生全部交给张锡祥，由张锡祥对实习生们进行辅助性管理。

张锡祥心情是愉快的。他本来是到这里搞毕业设计的实习生，却又在这里当起了"小先生"。毕业设计快要结束时，汪传义老师找张锡祥谈了三次话，要他留在厂里工作。张锡祥可做不了主，他说："我是军人，一切行动都要听指挥，尤其是工作，更要服从领导的安排。"

汪传义表示理解，依依不舍地送走了张锡祥。挥别时，汪传义说："小伙子，你大有前途。我会经常找你的，加油吧！"果然，后来西安786厂每逢做设计，讨论雷达的一些改进方案时，汪传义老师总会将张锡祥找去"会诊"。大家互相学习，张锡祥也从中受益匪浅。

多年以后，张锡祥对于能够安稳、扎实地读书十年感慨万千，他提笔做了一个小结：

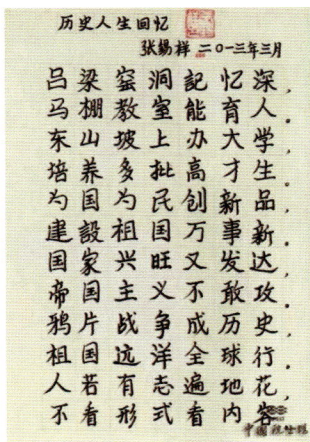

注解：

吕梁窑洞记忆深：1948年12月—1949年5月，在牛家垣搞土改时，住的是窑洞，饮的是夏天存下来的雨水。

马棚教室能育人：1951年冬，在军委工校上预科班时，没有教室，就把原日本骑兵营的养马棚安上窗子当教室用。

东山坡上办大学：1953—1958 年，中国人民解放军通信工程学院是在张家口东山坡上办的大学。

培养多批高才生：张家口东山坡上的大学培养出了四名院士，还有许多教授、高级工程师、研究生和博士生导师等。

为国为民创新品，建设祖国万事新：张家口东山坡培养出的人才，搞出了许多创新产品，获得多项国家级和省部级成果奖，增强了我国的国防实力。

人若有志遍地花，不看形式看内容：人只要是有志气，是爱国主义的志气、艰苦奋斗的精神、为人民服务的志向，就可以勇往直前，干一行、爱一行，在这个行业里做出成绩。

1959 年 4 月，张锡祥从中国人民解放军通信兵学院顺利毕业。

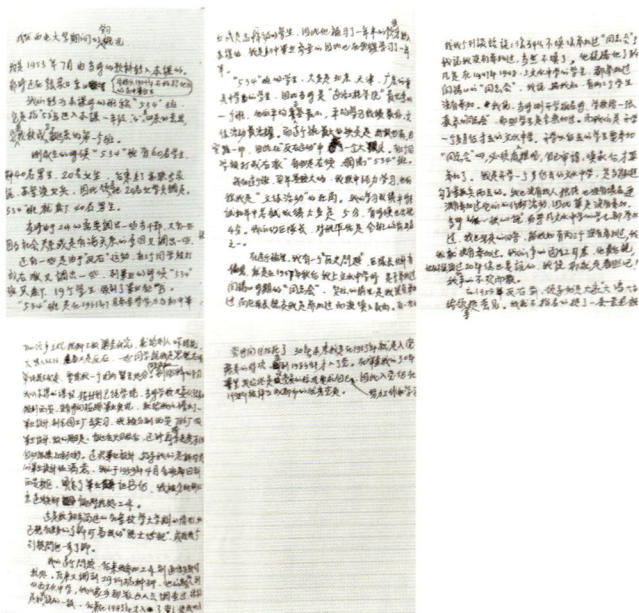

▶ 张锡祥手稿《我在西电大学期间的学习概况》

[本文摘自王恒绩、王淼主编：《张锡祥传》，第 5-137 页，有改动]

206

张锡祥院士：把对国家的责任心放首位

张锡祥院士 1959 年毕业于中国人民解放军通信兵学院雷达工程系，是我国雷达有源干扰领域的带头人。

"这 8 年的学习时光，使我的一生和人民军队、祖国国防建设、电子对抗结下了不解之缘。" 2008 年 12 月 12 日，在纪念西安电子科技大学迁址西安 50 周年的大会上，一位目光炯炯、精神抖擞的老者深情地这样回顾他在西电的学习经历。他就是我国雷达对抗领域的著名专家、50 年前毕业于雷达工程系、1999 年当选为中国工程院院士的杰出校友张锡祥院士。纪念大会结束后，《西电科大报》记者采访了张锡祥院士，让我们来聆听一下这位老科学家对母校的深情回忆，以及他对青年人的殷切期望……

▲ 张锡祥

记者： 从张家口的军委工校到今天的西安电子科技大学，您的一生和西电情深缘厚，请您给我们介绍一下当年入学时的情况。

张锡祥： 我是 1951 年到达张家口军委工校的，直到 1959 年 4 月份在西安毕业去了总参，我在这个学校一共学习、生活了 8 年时间。

1951 年抗美援朝战争开始，我原本是报名参军，没想到却被分到了军委工校。当年，全国大概有 10 万学生和我一样报名参军。和我一起的同学都是热血青年，因为家里不同意参军，有些甚至是跳窗户跑出来的。我们怀着一腔热血准备上战场，没想到却被分配到军委工校学习。也因为这样，我和学校结缘，开始了另一种人生。这一年，我才 18 岁！

到了军委工校，我们开始了半年的政治学习，主要是进行政治教育，解决生活观、生死观两个问题。我们的思想觉悟逐渐提高，一些同学甚至主动上交了随身带的金条、金表等贵重物品。大家都下定决心，跟着共产党！

政治学习结束，经过考试，我们被分为报务、预科和工程三个等级进行正式学习。上过大学的，还被直接抽调出来当了老师。因为之前我上过初中，就被分到了预科班学习。1953年，预科学习完毕，我开始正式就读工程班雷达系。这是我们国家第一个正式以培养雷达技术人才为目标的雷达专业。我所在的班级叫"534"班，也就是1953年入学的4系的意思。

记者： 在张家口的学习生活中，您印象最深刻的事都有哪些？

张锡祥： 首先是教师都非常有名，都很敬业。当时，给我们上专业课的都是非常有名的教师。他们有的是参军后调到军委工校的，有的是大学毕业了直接留校任教的，还有的是从浙江大学、中山大学等名校调过来的。在张家口，周围环境比不上大城市，条件还很艰苦，这些教师却从来没有因为从大城市到了山沟而闹情绪。当时雷达还是新兴学科，除了毕德显院士外，好多老师都没有学过这门专业课程。因此，在专业课学习过程中，毕德显院士亲自给我们讲雷达原理，丁鹭飞教授给我们上雷达实习，保铮院士给我们讲脉冲基础，蔡希尧教授也给我们上过课。名师授课，终身受益，他们渊博的知识、敬业的精神让学生佩服不已！

其次，对当时的军事课印象也很深。给我们上军事课的是国共战争期间被俘虏的国民党军官，他们接受过正规的军事理论训练，而且有实际战役的指挥经历。因为朝鲜正在打仗，所以我们的军事课都是从实战出发，从最基础的班进攻开始，到连排进攻，一直到师团进攻。课堂上，教师模拟给你配备炮兵、坦克、飞机，教你如何排兵布阵，军事课的学习很有意思。这段军事课学习的经历，对我后来从事电子战研究有很大的帮助。因为打仗不完全是技术问题，它必须和战术结合才行！军事课学习期间还有一个小插曲。一天晚上，我们被紧急拉到张家口的野外，然后被告知根据所学知识自己寻找回学校的路。张家口的野外，没有任何可供使用的工具，分辨不清方向和距离，我们只得通过星星的位置，甚至是树木的长势确定方向，摸黑往学校赶。从理论到实践，从实践到实战，这就是张家口军委工校的学习方式，这对于我一生的学习、工作都有很大的影响。

第三就是在张家口期间的学习条件。我们是预科班，按照当时的军委工校学生分类，算是年级最低的。我们居住在西山坡，那儿曾经是日本人的骑兵营，条件很艰苦，学生住的是9个人连在一起的大通铺，教室是养马的马圈。学习、生活的房子四处漏风，我们只得自己动手把漏风的地方糊起来。上课时，房子里面虽然也有一个小火炉子，但还是冷得很。印象最深刻的就是，上课记笔记，记着记着墨水就会结冰冻上，只得用嘴巴呵上几口热气，才能够融化了继续记！

记者： 从张家口到西安，您在学校学习的最后一段时间是如何度过的？

张锡祥： 我们是五年制的本科生，毕业那年，也就是1958年，正赶上了迁校西安。当时，我们的课程已经基本学习完毕，只剩下工厂实习这一个环节了。

到了西安以后，我们参加了半年的工厂实习，我是在西安的786厂，也就是黄河厂实习。当时，我在那里搞了一个小课题，叫作"雷达的惯性跟踪"。这个课题要解决的问题就是：在雷达跟踪目标过程中，如果丢失了目标，天线还应该继续按照原来的速度和方向，再跟踪上 20 ~ 30 秒。

为了做好这个课题，我经常住在实验室，也不回宿舍，晚上连夜干，太累了就在桌子上趴着睡一觉。大约一个星期，课题就有点眉目了，知道该如何入手了。这段经历告诉我：从事科学研究，如果连续不间断，效率能够提高好几倍。就像你连续一个星期思考一个问题，一定比断断续续想上两三个月的效果要好。停下来去干别的事情，思想不连续，回头还得重新开始！要想搞专业、搞科研，必须养成连续的习惯。

记得当时我做实习课题的时候，思想一直处于不间断的状态，除了睡觉之外，连吃饭、走路都在想如何解决这个问题。当然也有人问累不累，我没有正面回答他，而是反问道："你们打麻将整夜整夜地打累不累？我和你们一样，你们对麻将入迷，我对课题入迷。只是入迷的对象不一样，没别的什么区别！"总之，我始终觉得，一个人要想成就一番事业，除了有责任心外，还必须要有浓厚的兴趣，而且兴趣要到入迷的程度！

记者：自毕业以后，您经常回母校，您的很多科研课题也与母校有关，您对今天的学校有什么样的印象？您对当下学生的教育有什么建议？

张锡祥：这次回来，看了看学校，现在的学习环境、学习条件、师资力量和当时简直是天壤之别。年轻人到了西电，机会非常难得，能够学到自己想学的东西，要学会珍惜。对于现在的教育，我有一个担忧，当然这不仅是西电存在的问题，也是全国性的问题，那就是现在的本科生真正用来学习，特别是用于专业基础学习的时间太短。

想当年，我们是五年制的，数学、物理、专业基础都学得非常扎实。现在虽然也有四年，但是学习外语花费的时间太多，还得留一年时间找工作，和以前相比，充其量算是两年制的。

我和高校来往频繁，我发现学生学习外语的时间太多，甚至占用了大学时间的三分之一左右，这个问题值得商榷。当时我们上大学时，学的是俄语，不过目标很明确，就是能够借助字典看得懂本专业的书籍，所以我们学习外语占用的时间非常少，从而留出了大量时间认真学习专业基础知识。

　　当前，我们国家大学生的确比较多，但是还有一个问题，那就是具有国际水平、顶尖水平的学生却太少！对比一下当年的教育和现在的教育，也就容易找到问题的症结。当时的大学生，要实打实地学5年专业技术基础，因此创新能力强；而现在虽然是四年制，实际上顶多认真学了两年专业知识。这个问题，责任既不在学校，也不在学生，而是国家教育体制的问题！

　　我个人的观点是，中学、小学可以学习外语，大学外语应该是选修，愿意继续学习的你就学，不愿意学得太深的，有了以前的基础也就可以了，应该把时间尽量花在专业基础或技术基础的学习上。毕竟，我们每年出国的、去外企工作的学生，那是少数，充其量有10%。因此，为什么一定要让90%的人跟着10%的脚步跑呢？

　　现在不是20世纪50年代，每年大学生只有2万到3万人；现在每年数百万的大学毕业生，只要有40万到50万人对英语很精通，也就足够了。外语要好，又能够发表SCI论文，还能够进行技术创新，这些同时在一个人身上实现，是极不合理的。人的精力总是有限的，不可能什么都会。

　　大一点说，一个群体，只有有了分工合作，才是真正的高水平团队。要求每一个人都要会，那是低效率的群体。记得在《恰同学少年》中，讲到毛泽东主席的学习方法时，就有一个观点：由四个在各自领域的顶尖专才组成的团队，那是高水平的教学团队；四个什么都会一点的人组成的教学团队，那是一个普通的团队。

因此，现在教育体制对英语的要求是极不合理的；要求每年600万的学生都过四级、过六级，也是极不合理的。实际上，自主创新能力和外语水平的关系并不大，却和专业基础、研究思路的关系很密切。并不是外语好，创新能力就强！因此，我建议高校对外语的要求要放宽些。

记者：您对今天的年轻人有什么期望？他们该如何选择自己的人生道路？

张锡祥：作为年轻人，要学会跟着时代的脚步走，要从思想上把对国家的责任心放在首位，然后才去选择我们的兴趣、爱好。只有从对国家、民族的责任心开始去培养兴趣，再从兴趣到入迷，才有可能做出大的成就。成长成才的基本规律就是这样的。

张锡祥大事年表

1939 年，就读于东堡村小学。

1947 年，就读于文水中学。

1949 年，就读于民国中学。

1950 年，就读于北京劳动中学。

1951 年，报名参军，进入中央人民政府人民革命军事委员会工程学校学习。

1959 年，毕业于中国人民解放军通信兵学院雷达工程系，获学士学位。同年，任职于中国人民解放军总参通信兵部对抗处。

1963 年，任职于中国人民解放军国防科工委十院十九所。

1965 年，任职于四机部十院十九所。

1979 年，任职于电子部十院二十九所。任四川省人大代表。

1982 年，任电子部十院二十九所副总工程师。

1985 年，荣获国家科学技术进步奖三等奖。

1990 年，荣获国家科学技术进步奖一等奖。

1997 年，荣获国家科学技术进步奖二等奖。

1999 年，当选中国工程院院士。

2002 年，任职于中国电子科技集团二十九所。

2005 年，荣获国防科技成果奖一等奖。

2007 年，荣获中国电子科技集团科技进步奖一等奖。

院士当年亦青春

郭桂蓉院士
求学记

郭桂蓉（1937年10月25日—），男，山西省清徐县人，出生于四川省成都市，中国工程院院士，我国通信与电子技术专家。1959年毕业于中国人民解放军通信兵学院雷达工程系。1995年当选中国工程院院士。1998年被授予中将军衔。

1960年，郭桂蓉受国家选派，留学苏联莫斯科茹科夫斯基空军工程学院，1965年获苏联技术科学副博士学位。回国后，曾历任哈尔滨军事工程学院讲师，国防科技大学自动识别国防科技重点实验室主任，国防科技大学副校长、校长，以及北京师范大学模糊信息处理与模糊推理机国家专业实验室主任，国防科工委科技委副主任，解放军总装备部科技委副主任、主任，中国科学技术协会全国委员会委员、常委等职，同时曾担任国家最高科学技术奖评审委员会委员、国务院学位委员会第四届信息与通信工程学科评议组成员、教育部"长江学者奖励计划"评审委员会委员、何梁何利基金评选委员会委员等。

郭桂蓉主持并设计研制成功了舰船雷达目标自动识别系统，空中目标电磁特征提取与识别系统，宽带雷达目标自动识别系统，舰船、装甲、飞机等目标自动识别综合系统，雷达抗干扰系统，雷达干扰自动识别系统等。

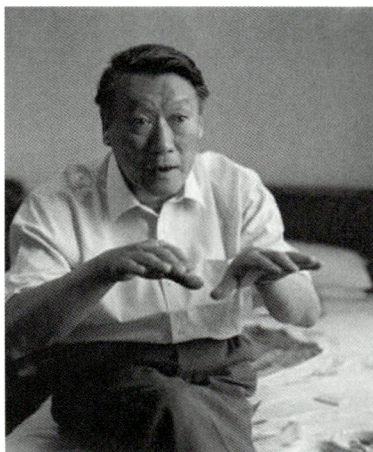

追求科学真理，
没有捷径，只有刻苦
勤奋，长期积累，才可能
有所前进。

郭桂蓉
一九九九年七月

　　1937 年，郭桂蓉出生于四川成都。他小学就读于成都培仁小学，初中在成都成城中学求学。初三时，成都和平解放，他跟随叔叔回到山西太原老家。因为初三没读完就离开了成都，因此，回到太原后，他又在太原云山中学重读了初三。

　　初中毕业时，他考入当时华北地区赫赫有名的重点中学——太原市第五中学校[49]。1954 年，从太原五中毕业后，他以四科全部满分的优异成绩考入中国人民解放军通信工程学院，攻读雷达工程系，自此开启了在张家口难忘的军校生涯。

[49] 太原市第五中学校，即太原五中，创办于清末光绪三十二年（1906 年），是山西省城太原创办的第一所官办中学，从最初的"山西公立中学堂""山西省立第一中学校"，到现在的"太原市第五中学校"，走过了近百年的历程。

01 成都解放　回乡求学

1949年10月1日，毛泽东同志站在天安门城楼上向全世界庄严宣告："中华人民共和国中央人民政府今天成立了！"然而，成都此时仍处于黎明前的黑暗中。12月27日，近三个月后，成都才在没有受到破坏的情况下，经过谈判，宣告和平解放。

12月30日，中国人民解放军举行了隆重的入城式，正式进入成都。当天上午9时，随着贺龙一声令下，军乐队首先奏起《解放军进行曲》，入城式在震天的军乐声、口号声、鞭炮锣鼓声中隆重开始。

▶ 1949年12月30日，成都人民热烈欢迎中国人民解放军入城

入城的解放军队伍中，最前面的是高举五星红旗的仪仗队；接着是飘扬着20面红旗的方队；中间是13辆大卡车，第一辆车上载着毛泽东和朱德的巨幅画像，第二辆车上载着鼓号齐鸣的军乐队，第三辆车上载着锣鼓队，其余10辆车上载着五星红旗和写有"庆祝成都解放""庆祝四川解放"黄字的大红旗；再后面依次是装甲兵团、重炮兵团、步兵团、车队、马队、后勤部队、轻便队……入城队伍长达4公里，先头

部队已进入市区驻地，后面的部队还未动身。

成都街头人潮如织，30 万市民敲锣打鼓、载歌载舞，夹道欢迎人民解放军！当时，正在成都读初三的郭桂蓉就是欢迎解放军入城的学生方阵中的一员，他手里举着小红旗，与市民和同学们一起激动地热切呼喊："欢迎解放军！"

解放军入城后，成立了军管会[50]。军管会成立后的第一件事就是对成都的交通进行整顿。以前成都市民在大街上经常乱穿行，交通秩序比较差，整顿后，大家都养成了靠右侧行走的好习惯，成都的交通变得秩序井然。

这些都深深地铭刻在 13 岁的郭桂蓉脑海中，让他对解放军充满了深深的崇敬之情，这也为他日后报考军校埋下了种子。

成都刚解放时，很多学校都处于停课中，加之想回老家看望年迈的爷爷奶奶，1950 年 3 月，郭桂蓉跟随叔叔，同叔叔的孩子以及姑姑的孩子一起从成都出发回山西太原老家。

当时成都没有火车，他们返乡乘坐的是解放军的军车，一路翻山越岭颠簸 7 天后，才抵达陕西宝鸡。在宝鸡，郭桂蓉第一次见到了火车，看着火车轰鸣地驶进站台，他的心中充满了惊奇。他们搭上火车，又颠簸了许久，才终于抵达老家——山西省太原市徐沟县靳村。

1952 年，徐沟县与清源县合并，改称清徐县。清徐县位于山西省中部，是省城太原的南大门。它古称梗阳，始建于春秋，历史悠久，人杰地灵。它是《三国演义》作者罗贯中的故里，也是山西老陈醋的正宗发源地，享有"自古酿醋数山西，追根溯源在清徐"的美誉；它还是全国四大葡萄名产地之一，著名歌唱家郭兰英演唱的歌曲就有"清徐的葡萄甜盈盈"一句；同时，清徐县还是晋商文化的发祥地之一。

回到老家后，郭桂蓉跟着叔叔、大伯父、爷爷开始学着种

[50] 随着解放战争的不断胜利，许多大中城市解放。中共决定城市管理一律采用军事管制制度，并设立军事管制委员会，简称军管会。

219

▲ 1954 年，郭桂蓉从太原市第五中学校高中毕业

庄稼，每天还要放羊、给骡子割草。常常白天辛苦劳作一天，晚上还要继续干各种农活。因为他们家有规矩："谁都不能当老太爷，都得下地干活。"

离开成都时，他正在读初三，那时学校早已停课，未能拿到初中毕业证。而上高中必须持有初中学历证明，于是，回到老家后，他不得不在一所名叫"云山中学"的私立中学重读了初三年级。

考高中时，郭桂蓉报考了两所学校，一所是太原市第五中学校，另一所是职业高中，这两所学校他都考上了。当时，上职业高中，学费、伙食费都由国家负担；而上普通高中，需要自己承担伙食费和学费。因为家里经济拮据，他原本想上职业高中，减轻家里的经济负担，但最终家人们几经商议，还是决定让他读普通高中——太原市第五中学校。因为上普通高中，以后就有机会上大学。

▶ 太原市第五中学校前身山西省立第一中学校

太原五中当时是华北地区的重点中学，其前身为山西省立第一中学校，只有学习成绩特别优异的学生才能考入。它创建于 1906 年，办学历史悠久，是山西省第一所官办中学，也是一所具有光荣革命传统的学校。中国共产党的创始人之一高君宇[51]，老一辈无产阶级革命家、北京市原市长彭真，著名社会科学家范若愚[52]，著名的美籍华人物理学家任之恭，著名的历史学家梁园东[53]、许予甲[54]，中国工程院院士、教育部原副部长赵沁平[55] 等众多知名人士，都曾就读于此。

▲ 高君宇

02 五中毕业　塞外入伍

在太原五中，郭桂蓉度过了充实的三年高中时光，并且学习成绩一直名列前茅。1954 年，高中毕业时，他根据自己的成绩，原本打算报考清华大学的机械系或水利系，设想毕业后从事机械制造或水力发电方面的专业工作，为国家第一个五年计划的实施做贡献。

但是，当中国人民解放军通信工程学院来太原五中招生时，郭桂蓉却毫不犹豫地选择了这所军校。此时，他连这所军校有哪些专业，究竟学些什么都不清楚。

正是因为年少时埋在心底的那颗种子，正是因为他满心对解放军的崇拜，正是因为萦绕在他心头的那个军人梦，他选择了报考军校。而这个军人梦，就源自成都和平解放时，他亲眼见证了解放军入城时朴素、威严又飒爽的英姿。

早在太原云山中学重读初三时，他就有过参军的志愿。当时，国家号召抗美援朝参军，他积极报名，想要跨过鸭绿江，奔赴朝鲜前线。但当时，他只有 14 岁，年龄不符合要求，只能抱憾而归。所以，这次中国人民解放军通信工程学院来太原

[51] 高君宇〔1896 年 — 1925 年〕，原名高尚德，字锡三，号君宇，山西省静乐县峰岭底村（今属娄烦县）人，是中共北方党团组织的主要负责人和山西党团组织的主要创始人。1913 年，高君宇考入山西省立第一中学校。1916 年，考入北京大学地质系，是李大钊的学生和助手。1920 年冬，加入北京的中国共产党早期组织，成为中国共产党党员。

[52] 范若愚〔1912 年 — 1985 年〕，山西五寨人，马克思主义理论家，1933 年加入中国共产党。历任中共中央马列学院以及中共中央高级党校政治研究室秘书、校教学委员会委员、校党委委员、校委委员、副校长等职。在中央党校任职期间，曾兼任周恩来总理的理论秘书、刘少奇的学习秘书。是中共八大代表、第四至第六届全国政协委员、中国科学院社会科学部兼职研究员，之后又兼任《红旗》常务副总编辑。

[53] 梁园东(1901年—1968年)，出生于山西省忻州市温村，著名历史学家、教授。1926年，毕业于北京大学哲学系，曾任山西国民师范教员，上海劳动大学、浦东中学教师、大厦大学、湖南兰田师范学院、四川白沙女子师院、川东乐山武汉大学教授。梁园东教授长期从事中国历史的教学和研究工作。

[54] 许予甲，著名历史学家，历任西北大学历史系教授、山西师范学院历史系主任、山西大学历史系主任兼书馆馆长。

[55] 赵沁平(1948年4月—)，山西介休人，中国共产党党员，计算机软件与虚拟现实领域专家。曾任北京航空航天大学计算机学院教授、博士生导师，教育部科技委主任，北京航空航天大学校学术委员会主任，中国系统仿真学会理事长，虚拟现实技术与系统国家重点实验室主任，中国工程院信息与电子工程学部副主任等。2013年，当选中国工程院院士。

五中招生时，他再也不想错过，不假思索就报了名。

中国人民解放军通信工程学院的前身是1931年毛泽东等老一辈革命家亲手创建的我党我军第一所工程技术学校——中央革命军事委员会无线电学校。1952年11月，中央人民政府人民革命军事委员会工程学校第一部正式改建为中国人民解放军通信工程学院。

1954年春夏之交，郭桂蓉来到张家口时，学院改建仅一年多。当时，上级确定学院的培养目标是：培养师、团通信主任，培训无线电、有线电、雷达工程技术军官和行政技术军官。

郭桂蓉跟随两名招生的军官来到张家口后，学院没给他留多少复习时间，就考了5门功课，包括政治思想和个人家庭情况审查，以及数学、物理、化学、外语四门文化课。四门文化课，郭桂蓉全部考了满分。

因为他的成绩突出，学院将他分到了学习难度比较大的雷达工程系，学号4054，并委任他为班长。那一年，他17岁。

▶ 军委工校一部入学学员名册

正式入学后，学院首先安排了3个月的军训。对于当年军训的情况，在往后的岁月中，郭桂蓉院士仍历历在目、记忆犹新。

军训地点就在学院旁边的一座烈士公园内，军训从立正、稍息、齐步走、正步走等这些最基本的内容开始。"郭桂蓉，出列！"那时，郭桂蓉经常被教官严厉地叫出来罚站，在一旁看其他同学训练，因为他看见同学们奇奇怪怪的步伐总是忍不住笑场。

军训时，教官还会给大家发放没有弹头的空炮弹，以及假的手摇机关枪。这种机关枪用手一摇，就会发出"叭！叭！叭！"类似子弹连环发射的声音。同学们起初练习得都很不标准，在演练班进攻时，跑在后面的同学常常朝前面同学的脖子就是一枪。

因为是军校，平时在学院里，大家都要穿着整齐的军装、唱着嘹亮的军歌排队上下课，吃饭也要排队，只有晚自习不排队。吃饭时，大家坐定后不能立刻就吃，要等指导员发出"开动"的指令后才能吃饭，吃饭速度也很快。

◀ 郭桂蓉在中国人民解放军通信工程学院与同学的合影（一）（后排中间为郭桂蓉）

那个年代虽然生活条件普遍比较艰苦，但学院给同学们的生活保障还是不错的。刚入学时，他们享受的是营级伙食待遇，

常常能吃到四菜一汤，有时还有牛奶和苹果。

作为一所有着光辉历史的军校，中国人民解放军通信工程学院非常重视军人的日常养成教育。

学院教同学们使用枪支，还按照学习进度，给同学们分别配备步枪、手枪、冲锋枪，并相应发放5颗真子弹。平时上课时，学生们都要背着枪。每周日，同学们还要组成小分队，背着枪轮流在校园内进行安全巡视。冬季的夜晚，轮到谁值班，谁就要去各个宿舍给煤炉加煤，供同学们取暖。

大半夜，正在熟睡的郭桂蓉和同学们还会突然被叫醒，去军旗室或保密室等处站岗，春夏秋冬都不例外。那时候，站岗都有固定的口令，遇见答不上口令的陌生人就会开枪。

有一次，冬季的一个深夜，气温低至零下二十几度，冷得人直打哆嗦，郭桂蓉半夜正在学院保密室（室内存放着各型现役雷达装备，因体积庞大，该室设在户外）门口站岗，突然看见两个人影。黑漆漆的夜里，看不清来人的样貌，戴着帽子也听不清对方的声音，他差点开枪。最后，对方答上口令，他才发现原来是班里的指导员和一名干部。

还有一次，一名同学在学院门口站岗，一辆汽车想开出去。站岗的同学本想上前检查车内物品，没想到对方没停车，直接开了出去。这位同学按照规定毫不客气地朝着汽车就是"嘭"的一枪，打到了车上。

那时，早晨还会经常紧急集合。哨声一响，郭桂蓉和同学们都要快速起床、穿好衣服，并迅速整理好床铺，到指定地点集合。郭桂蓉的床是放置室友枕头的地方，室友将枕头放到他的床上后，他还要用一块床单布将所有枕头包在一起，打成一个四四方方的大包袱。

那时候在张家口，学院除了重视专业课，还非常重视军事课。郭桂蓉和同学们要学习军事地理、军长如何指挥军队等内容，而且都是实地演练，不是纸上谈兵。

学院很重视学员的政治理论课学习，学习的内容主要是毛主席著作。除此之外，学院每天都坚持安排学员的时事政治学习。每晚7点，上晚自习时，都会安排一名同学为大家朗读半小时当日报纸头版的重要消息和重要事件。读完报纸后，大家才开始自习。

学院每星期还要开一次班务会。班务会以小组的形式召开，一个班级分成好几个小组，各小组分头开会。开班务会时，同学们会互相指出彼此身上需要改进的不足之处。当时，同学们给郭桂蓉经常提的意见有三个：

一是他看不起别人。这其实与他直爽的性格有关。当时，班上有些同学年龄较大，学习基础较差。因为郭桂蓉学习成绩好，这些同学遇到不会的问题常来请教郭桂蓉。郭桂蓉因为跟对方比较熟，常常会口不择言、毫不委婉地说："这个你还不懂啊，还来问我，你自己回去看书去！"这种率直的态度和语气，常常让同学下不了台。

二是他中午不午睡，还经常整理抽屉，影响其他同学休息。中午不午睡是郭桂蓉从小就养成的习惯，他中午总是睡不着。另外，他不午睡还有一个原因：他每天中午吃完饭后要去跑步，一次跑10公里。如果在操场跑，400米一圈的操场跑道，他一般要跑25圈。一年四季，风雨无阻。

这种跑步的习惯，他整个大学期间都在坚持。他想通过跑步锻炼自己顽强的毅力。因为在跑步方面能力突出，1956年，他还在学校运动会上取得了100米短跑用时仅12秒的好成绩，并因此获得了国家体育运动委员会授予的"国家田径三级运动员"称号。

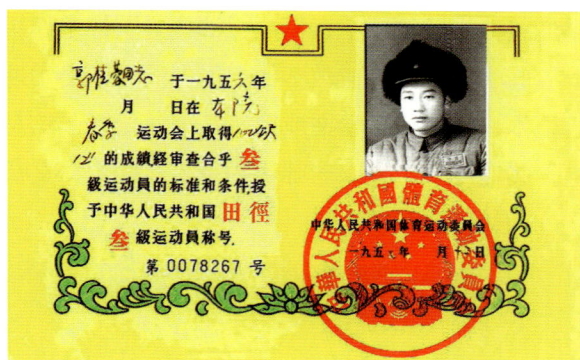

　　大学期间，他还是雷达工程系排球队的队员，虽然打得不是很好，但他很喜欢。

同学们给他提的第三个意见是：浪费。"你看你用了多少笔记本！"同学们总是这样数落他。很多同学一个学期都用不完一本笔记本，而他一个学期要用好几个笔记本。这是因为他上课记笔记的速度非常快，老师讲的重点，他记得又快又全，所以笔记本消耗得比较快。

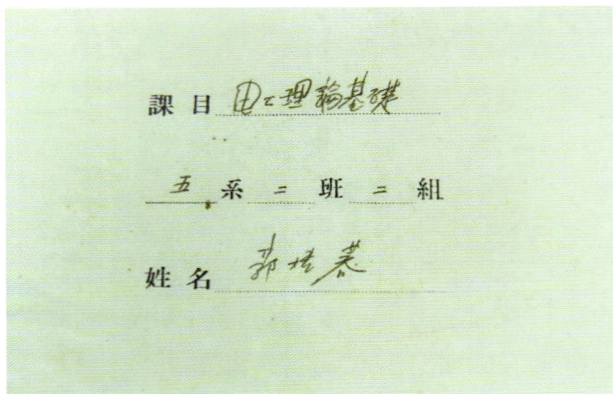

▶ 郭桂蓉电工理论基础
课程笔记

▶ 郭桂蓉的手写笔记

"同学们给我提意见，我从来没有反感的感觉，更不会记仇。同学们之间的感情还是非常好的。"郭桂蓉说，同学们给他提的这三个意见，起初他总是改不了，后来慢慢改掉了一些，特别是人际交往方面，开始学会考虑别人的感受。

像曾国藩做"日课"一样，大学期间，郭桂蓉坚持"吾日三省吾身"，每日都写小纸条反省自己在为人处世、学习等各方面的不足，不断修正提升自我。比如，在张家口时，同学们每天都得去远处的水房打水回宿舍来洗漱。有时他没去打水，便用同学打来的水。他就会在当日的小纸条里反省道："你今天为什么没有去打水？你为什么不能主动去打水给大家用？"对于这种自己应该做却没有做的事，他不断地进行反省，并加以改正。

这种每日自我反省的习惯，他整个大学都在坚持，这样的小纸条他记了上千张之多。

03 恩师授业　刻苦求学

饮其流者怀其源，学其成时念吾师。回顾自身的成长和一生的成就，郭桂蓉院士认为，这些都离不开自己在各个阶段遇到的诸多恩师。

1954年，郭桂蓉考入中国人民解放军通信工程学院时，雷达工程系刚成立两年，却拥有一批在微波、通信、雷达等领域的知名专家教授。

1951年年底，在全国院校调整中，国家决定将大连工学院电讯系的全体师生并入中央人民政府人民革命军事委员会工程学校，后改建为"中国人民解放军通信工程学院"。

1952年，中国雷达工程专业的主要创始人毕德显教授带领200多名师生来到张家口，成立了雷达工程系。这也是我国第一个雷达专业。

雷达工程系成立后，毕德显被任命为雷达教授会主任。当时，与他一起从大连工学院过来的有很多知名专家教授：吴鸿适教授，微波电子学家，美国留学博士；朱曾赏教授，通信专

▲ 1954年6月，郭桂蓉到张家口穿上军装后的第一张照片

家，美国留学硕士；胡征教授，通信专家，美国留学硕士；周光耀教授，微波电子学家，美国留学硕士，有交通大学"神童"之誉；李祖承教授，雷达专家，英国深造回国。

保铮院士就是第一届雷达生。1953年7月，保铮从张家口中国人民解放军通信工程学院雷达系毕业，并留校工作。

1954年，郭桂蓉来到张家口时，保铮就是他的任课教师之一。当时，毕德显教授他们"电磁材料"课程，保铮给他们讲"晶体管脉冲技术"课程，还有很多其他课程的优秀教师，郭桂蓉一直都记得这些老师的姓名及其所讲授的课程。比如，辅导他们"脉冲技术"及作业课的余雄南老师，讲授"电子管"的唐志秀老师，讲授"雷达超高频电子管及雷达发射机"的强伯涵老师，讲授"接收机"的赵树芗老师，讲授"化学"的蔡可芬老师，讲授"俄语"的石岚老师，等等。

"那时，我们有很多很好的老师，都在第一线给我们上课。"郭桂蓉说。而谈及对他影响最大、最难忘的老师时，他说："那还是保铮老师。保老师记忆力特别好，看问题很透彻，对同学们的评价也非常客观公允，而且非常平易近人。"

后来，郭桂蓉工作后，保铮院士还一直都在给予他指导和帮助。他出版的好几本教材与专著，也都是保铮院士撰写的推荐评价意见。

让郭桂蓉印象深刻的是：当时，学校除了重视专业课，还非常重视数学这门基础学科的学习。数学除了讲不定积分、定积分、微分、偏微分等微积分知识之外，还会讲空间三度，即梯度、散度和旋度，这些是微波技术中常用的基础知识。讲授这门课的是武海楼老师，郭桂蓉一直对这位老师很崇敬，认为他讲得非常好。

除了日常的授课，学校还安排有专门的习题课，让同学们做一些习题，老师还会对习题进行讲解，以使同学们进一步巩固所学，启发思维。

在张家口的四年，郭桂蓉所有专业课成绩都是满分5分。优异的成绩，不仅得益于一批专业能力突出、爱岗敬业的恩师的辛勤付出，还源自郭桂蓉自身始终刻苦努力、喜欢钻研的精神。

▶ 郭桂蓉 1955—1956 学年第一学期学员各课考试测验成绩总登记表

郭桂蓉很注重学习方法，上课时非常专心，思路始终跟着老师走，老师讲的重点内容，他都会又快又全地记在笔记本上。上课没听懂的，除了下课继续追着老师问，他还经常找到相关参考书自己钻研，直到解开脑海中所有的问号为止。

即使有些已经听懂的知识，他也会找来参考书进一步探究，看看同样一个问题，其他人是怎样讲的。讲的不同之处，他一定会记在笔记本里。他的笔记本里，右侧记的是老师课堂讲授的内容，左侧则是自己翻阅参考书摘录的知识和心得体会。

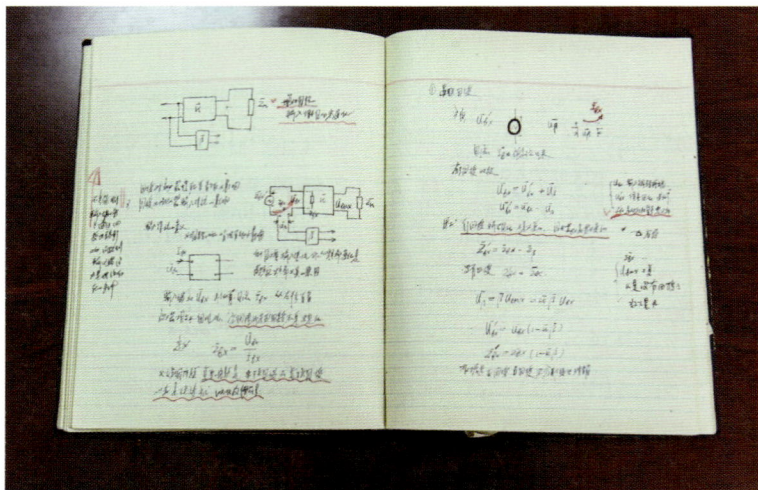

▶ 郭桂蓉的手写笔记内容（一）

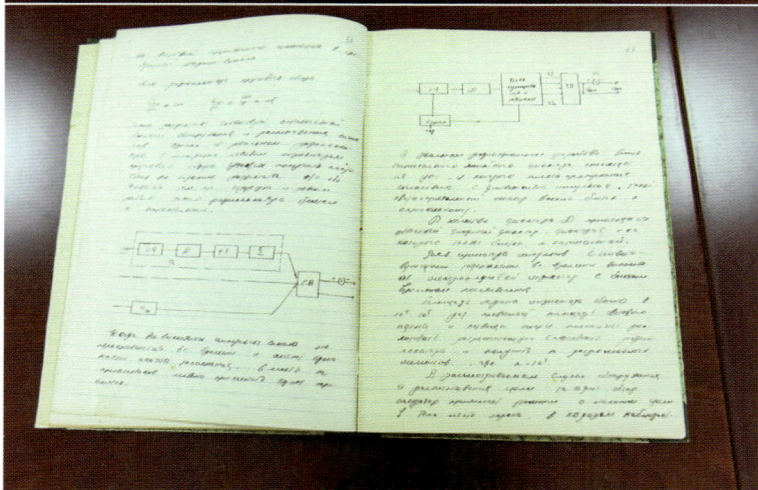

▶ 郭桂蓉的手写笔记内容（二）

　　正是源自这种刻苦努力、孜孜以求、锲而不舍的精神，他才始终在学业上名列前茅。

　　在张家口时，当年学院领导干部朴素的作风也让他记忆犹新，深深地影响了他的一生。

　　当时，许多中央首长十分关心学院的建设与成长。彭德怀元帅、贺龙元帅、叶剑英元帅等中央首长都曾来学院视察和指导过工作。

他记得有一次，我军无线电通信事业的创立者，时任通信部部长的王诤同志来学院宣读新学期的教学计划。宣读完后，学院领导请王诤部长到学院食堂吃饭，结果到了才发现，食堂已经没饭了。

但是，王诤部长一点也不介意，他让人用铲子铲了一些锅底残余的已经烤得有些焦糊的锅巴，泡了点米汤就凑合着吃了，一点不摆领导的架子。

还有一次，上军事地理课，班主任赵平政中尉跟着同学们一起滑下山坡，在过一道水沟时，因为没站稳，将一只鞋丢了。当时训练中不让说话，赵平政中尉只能悄声对同学们说："鞋丢了。"同学们并没有帮他去找。他就这样一只脚有鞋，一只脚没鞋，坚持走到了最后。

◀ 1960 年 7 月，郭桂蓉（中间）与同学在莫斯科红场钟楼前合影

"那时，大家的观念就是'首长也是普通一兵'。大家并不会不顾一切赶紧去给首长找鞋。"郭桂蓉说，赵平政中尉也没有因为这件小事就给同学们脸色看，或者暗中记恨。

1956 年，郭桂蓉还在赵平政中尉的介绍下，加入了中国共产党。

　　大学毕业后，1960 年至 1965 年，郭桂蓉受国家和军队选派，到苏联莫斯科茹科夫斯基空军工程学院攻读雷达专业研究生，获苏联技术科学副博士学位。

　　[撰稿：卢红曼（西安电子科技大学档案馆／校史馆／博物馆特约作者）]

> ## "那一段时光，确实为我的人生打下了坚实的基础"
> ——郭桂蓉院士回首青春岁月

　　斗转星移，时光飞逝。回想起自己的求学生涯，郭桂蓉院士始终难以忘怀在张家口中国人民解放军通信工程学院的四年时光："每次回想起来，并不觉得当年有多苦，有的只是很多的留恋和感激。那一段时光，确实为我的人生打下了坚实的基础。"他八十岁寿辰那天还写下了生日感言："人生难求不过失，丹心无憾报党恩。"

◀ 郭桂蓉

　　郭桂蓉院士至今依然珍藏着当年在张家口求学时积攒下来的 50 本课堂笔记本、57 本练习本，以及课程实验报告、机械制图等当年珍贵的学习资料。

　　每次翻阅当年的这些学习资料，上面一行行淡蓝色的字迹，似乎带他又穿越回了 60 多年前在张家口求学的青春岁月。

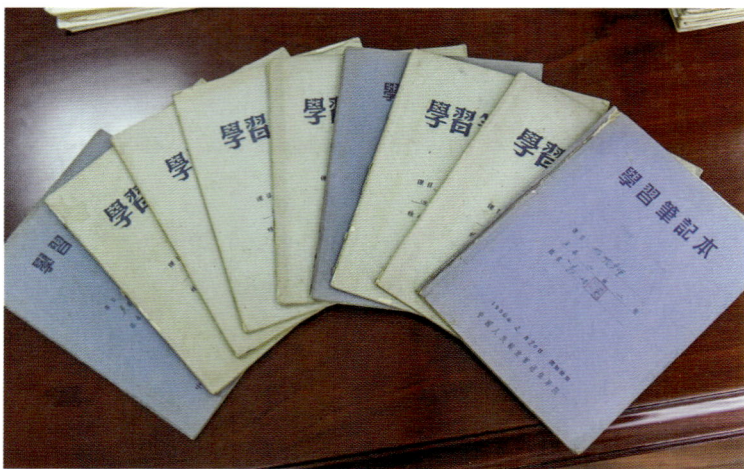

"当时，学院对人的教育是非常全面的。在张家口求学的这一时期，无论是从政治、军事素养方面，还是专业课方面，都为我日后的工作、学习打下了坚实的基础。"郭桂蓉院士总结说。

比如，准时的习惯。后来，他当了国防科技大学的校长，依然在各种场合保持准时的好习惯。"有时开会，下属会说：

'校长您可以晚到几分钟。'但是，我一般都提前半小时到。别人可以晚，我不能晚。"

在张家口养成的每天跑步10公里的运动习惯，他后来也始终保持着。在苏联莫斯科留学时，他参与的体育项目更丰富了，除了跑步，他还喜欢打排球、滑冰滑雪和游泳。

待人接物方面，无论他后来作为国防科技大学校长，还是成为中国工程院院士、解放军总装备部科技委主任，他都秉持在张家口时期领悟到的"首长也是普通一兵"的观念，始终坚持真诚待人、平等待人，不摆官架子，不给别人添麻烦，也不喜欢别人刻意恭维自己；始终坚持朴素低调、实事求是的工作作风。

在他的成长中有三个座右铭，始终激励着他不断攀越科学高峰，追求卓越。一是世界名著《钢铁是怎样炼成的》中的主人公保尔·柯察金关于人生意义的哲理性思考："人的一生应当这样度过：当回忆往事的时候，他不会因为虚度年华而悔恨，也不会因为碌碌无为而羞愧……"。二是毛主席的诗句："雄关漫道真如铁，而今迈步从头越。"三是马克思的名言："在科学上没有平坦的大道，只有不畏劳苦沿着陡峭山路攀登的人，才有希望达到光辉的顶点！"

这些座右铭在他成长的道路上给予了他坚强的精神指引和力量。他希望年轻人也能从这些名言中汲取成长和向上的力量，树立远大理想，不负韶华，扎实做好本职工作，并保持"从头越"的精神，勇于攀登一座又一座新的科学高峰，不断进取、开拓创新，以实现中华民族伟大复兴为己任，为国家和民族做出新的更大的贡献。

尊敬的陈书记、段校长：

　　值此母校—西安电子科技大学，建校
八十周年之际，特致以热烈祝贺。
　　谨祝

继承传统　　勇于开拓
面向世界　　建设一流

　　　　　　　　　　致

　礼

　　　　　　　　　　郭桂蓉
　　　　　　　　　2011 年 10 月

▶ 郭桂蓉院士在西安电
子科技大学建校 80 周年
时发来的贺信

郭桂蓉大事年表

1954 年，从太原五中高中毕业。

1959 年，毕业于中国人民解放军通信兵学院，获学士学位。

1960 年，赴苏联莫斯科茹科夫斯基空军工程学院攻读雷达专业研究生，获苏联技术科学副博士学位。

1965 年，任职于哈尔滨军事工程学院导弹工程系。

1971 年，任职于长沙工学院电子技术系。

1978 年，任职于国防科技大学电子技术系，荣获全国科学大会奖一等奖。

1991 年，荣获国家科学技术进步奖二等奖。

1993 年，荣获国家科学技术进步奖二等奖。任第八届全国人民代表大会全国人大代表。

1994 年，任国防科技大学校长。

1995 年，当选中国工程院院士。

1996 年，任国防科工委科学技术委员会副主任。

1999 年，任中国人民解放军总装备部科学技术委员会副主任、主任。荣获国家科学技术进步奖二等奖。

2003 年，任第十届全国人民代表大会全国人大代表。

2006 年，荣获何梁何利基金科学与技术进步奖。

2007 年，荣获国家科学技术进步奖二等奖。

2008 年，荣获国家科学技术进步奖二等奖。

参考文献

01 级友联谊会 . 六十年回顾　纪念上海交通大学 1938 级级友入校六十周年 [M]. 上海交通大学 ,1994.

02 孙俊人 . 孙俊人同志在庆祝大会上的讲话 [N]. 西电 ,1982-05-25.

03 杨学生，卫亚伟，余光烈 . 毕德显 [M]. 北京：中国科学技术出版社 ,2002.

04 林德喧 . 中国雷达工程专业的主要创始人：毕德显院士（1908—1992）[OL]. 西安电子科技大学电子工程学院转载 ,2014.https://see.xidian.edu.cn/html/news/2129.html.

05 刘九如，唐静 . 罗沛霖传 [M]. 北京：高等教育出版社 ,2013.

06 中国科协创新战略研究院 . 红色科学家罗沛霖：创造出了属于八路军自己的通信电台 [Z].“中国科学家”微信公众号 ,2022-08-15.

07 裘维蕃，等 . 资深院士回忆录：第 2 卷 [M]. 上海：上海科技教育出版社 ,2006.

08 隆辉 . 活跃学术空气 促进学术交流：我院召开第五届科学技术报告会 [N]. 西电 ,1984-06-15.

09 强建周，秦明，吴秀霞 . 保铮院士：“以人为本”在高校关键是建设一支优秀的教师队伍 [N]. 西电科大报 ,2010-05-01.

10 吕瑞花，韩露 . 没有盲区的天空：王越传 [M]. 北京：中国科学技术出版社 ,2014.

11 周世祥 . 初心不改　坚守讲台：访两院院士、通信与信息系统专家王越 [N]. 光明日报 ,2019-07-20.

12 王恒绩，王淼 . 张锡祥传：中国工程院院士传记 [M]. 北京：航空工业出版社 ,2017.

13 秦明 . 张锡祥院士：把对国家的责任心放首位 [N]. 西电科大报 ,2008-12-20.

部分图片来源

01	上海交通大学档案馆.
02	上海交通大学数字档案馆.
03	西安电子科技大学档案馆.
04	西安建筑科技大学档案馆.
05	成都市档案馆.
06	钱学森图书馆.
07	中国科学院院士馆（采集工程）.
08	"大工记忆"微信公众号.
09	"大连理工大学团委"微信公众号.
10	"交大解说团"微信公众号.
11	"记忆南通"微信公众号.
12	"中国科学家"微信公众号.
13	"上海孙宋文管委"微信公众号.
14	"新报星期六"微信公众号.
15	"史志山西"微信公众号.
16	"侵华日军南京大屠杀遇难同胞纪念馆"微信公众号.
17	"书林100"微信公众号.
18	"春雨经典"微信公众号.

后 记

　　作为毛泽东等老一辈无产阶级革命家亲手创建的我党我军第一所工程技术学校，西安电子科技大学（简称西电）始终坚持全心全意为人民服务的办学宗旨，为党育人、为国育才。延安、张家口时期是西电历史上两个重要的办学时期，这个时期在西电工作或学习过的 8 位院士，是中国电子信息领域的专家和领军人物，为发展中国电子信息技术做出了突出贡献，其学习成长经历中的丰富史料能够真实地反映当时西电在人才培养模式上的基本特点，蕴含和彰显着西电在延安、张家口时期的办学特色和目标，具有特殊的时代意义，对研究西电办学特色也具有重要的借鉴和参考价值，是西电独具特色的资源。

　　基于此，笔者计划把这两个时期在西电工作或学习过的 8 位院士的求学故事作以梳理。然而，笔者所掌握的关于院士的材料有限，且目前健在的院士均年事已高。因此，笔者尽可能地通过书籍、网站、采访等多种形式收集院士的求学资料。值得庆幸的是，这 8 位院士的人生经历多有记载，特别是自2009 年以来，由中国科学技术协会牵头的"老科学家学术成长资料采集工程"所出版的系列院士传记，给笔者提供了很大帮助。同时，院士及其家属对本书的出版亦提出了宝贵的意见和建议。根据本书编写需要，笔者对所引用文献的个别地方进行了修改，并做出相关注释，增加了人物档案和院士大事年表，以便读者更加深入地了解院士。

　　院士们的求学经历大多发生在 20 世纪 30 年代至 50 年代，当时中国正经历着土地革命战争、抗日战争、解放战争，面对艰苦卓绝的战争，院士们不怕困难、敢为人先、追求真理、勇攀高峰，立志科研报国。

希望这本书能带给读者，尤其是青年朋友们前行的力量，在这个新时代，勇于创新、顽强拼搏，为把我国建成世界科技强国、实现中华民族伟大复兴不断做出新的更大贡献！

在此，对于为本书做出贡献的单位和人们，以及所引文献的作者和单位，一并表示最衷心的谢意！

由于编辑水平和材料限制，难免有不足之处，敬请专家学者和广大读者批评指正，提出宝贵意见。

最后，希望这本书能在人生道路上给读者以启发，找到打开内心力量的源泉！

本书编者

2023 年 9 月